はぁぷう団 編著

ボーダーインク

団長の思い　～新！おきなわキーワードってば！

はぁぷぅ団団長　喜納えりか

どうも、はじめまして。「はぁぷぅ団」団長です。そこ！　引くな！

21世紀に入って早2年が過ぎていこうとしています。政治状況やあれこれを引くまでもございませんが、現在の沖縄に暮らしていますと、日々「はぁ？」と思うことが多いわけです。「何でよー」の怒りだったり、時にはガックリのため息だったり。

そこで思い立ちました。

「〝はぁ？〟と言えば、〝ぷぅ！〟でしょう」

（ご存じない方は本文「はぁ？」「ぷぅ？」の項をご参照ください）


はぁ？と思う沖縄を、ぷぅ！と切り返したい。そんな思いから、私たち「はぁぷぅ団」は結成されました。

いかがでしょうか、少しはこの名前に愛着を感じていただけましたでしょうか。

「はぁぷぅ団」は54人の大所帯です。団員は、

☆食べた後は率先してお片づけ
☆横断幕とローカルヒーローが大好き
☆飲んだら代行で帰る

すごくステキな人ばかりです。活動は枚挙にいとまがありませんが、主なところでは地元紙『沖縄タイムス』でのコラム連載がありました。2003年4月から週1回、半年続き、読者の皆様からは「おきなわキーワード、最高です!」「毎週楽しみにしています」「変な名前ですね」といった大反響をいただきました。

同コラムはボーダーインクのホームページ上でも連載され、コアなファンであるところの「ボーダリアン」の皆様をとりこにしており(2003年9月現在)これ幸いです。そうそう、横断幕なんかも作りましたねぇ。県内在住の皆様、はぁぷぅ団の横断幕がお近くに張られているかもしれませんよ。

そんな私たちの活動の集大成が、この『新! おきなわキーワード』なのです。なぜ「新」なのかと申しますと、実はこの本は1989年に出版されたある本の、いわば21世紀版なんですね。

では、その本に詳しいうちの団員に、14年前にさかのぼって語ってもらいましょう。

★★★

「……だけぢゃない おきなわ」と『おきなわキーワードコラムブック』

はぁぷぅ団　新城和博

「青い空」と「青い海」だけぢゃない—。そうだ、その通りだ、僕たちが生まれ育った「おきなわ」は、それだけじゃないんだ。そう思って、ワタクシが『おきなわキーワードコラムブック』なる本を「まぶい組」級長として編集したのが、1989年の夏でした。いろんな友だちに声をかけて、とにかく「おきなわ」と聞いてイメージする、それぞれの「おきなわキーワード」を書いてもらいました。そうだなぁ、「リゾート問題」と「基地問題」だけじゃない、なんてこともつぶやきつつ。その本はまだ「沖縄ブーム」も「沖縄イメージ」も波打ってなかった沖縄のサブカルチャーブックとして評判になりました（と自分でいうのでありますが）。

あれから数え切れないほどのビールと泡盛を飲んで、脳みそがとうふよう並みにいい感じでとろけるほどの年月がたち（おっとそれでも15年はたってないのだ）、このたび沖縄の若者たちとそうでもない人たちが、それぞれハンド・メイドの「おきなわキーワード」を持ち寄って、新しい本を作りました。その名も『はぁぷう団　新!おきなわキーワード』、うん、そのまんまです。「癒しの島」と「沖縄ブーム」だけぢゃない、なんてこと言ったりしつつ、ショートコラムがたくさんつまったこの本、沖縄にイッたことないけど、住んだことのある人なら、なんとも言えない味わい深い一冊であります。

とまぁそんなわけで、この本を推薦するにふさわしい理由が、ワタクシにはごまんとあるのでありますが、ここはひとつ「……だけぢゃない　おきなわ」に免じて早速ページをめくってみてください。絶対おもしろいから。

「はぁぷう団」の皆様、ご出版おめでとうございます。ありがとうございました。

★★★

というようないきさつがあったのでございます。

そんなこんなで、あれから14年。オキナワは今、どうなっちゃってるのか。

戦争を知らずに、ドルも復帰も730もあんまし覚えていない。団員の中には、県外からやってきた人もいます。そんなポスト・キーワードコラムブック世代に、自分たちのオキナワを語ってほしい。ここにあるのは、ディープでもフシギでも大丈夫さぁ〜でもない、普通の若者の、普通の日常ばかりです。そんな中から、現在の沖縄が少しでも顔をのぞかせたらいいなぁと思っております。

「はぁ?」と感じて「ぷぅ!」と集めた21世紀おきなわキーワード。あなたの立っているところからは、どんな沖縄が見えますでしょうか。

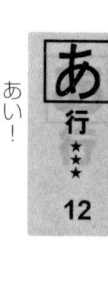

た 行★★★ 175

★分類アイコンについて★

この本に収録されたキーワードはそれぞれ分類され、イカしたアイコンがついております。アイコンをクリック…はできないけど、分類を知っておくと、本書がより楽しめます。

食べ物・飲み物

沖縄の食べ物については世間のあちこちで書かれていますので、グルメやフシギ食材はさておいて、団員が思い入れのある食べ物について書いてみました。

地名・名所

首里城はないがヤギ場は載ってる。そんなジャンルです。 アイコンは「"具志川まで200キロ"の標識」。ありそうな、なさそうな。そんな名所へ、めんそーる?

ひと・団体

21世紀オキナワを象徴する有名人からローカルアイドル、よく行くビーチのおやじまで。有名無名とりまぜてご紹介します。

レトロ

はぁぷぅ団にも子ども時代がありました。子どもというのは、しょうもないことがホントに楽しいものです。かつて熱中して遊んだあれこれを思い出していただけましたら。アイコンは「キーボー(黄帽)」です。

出来事

主に90年代〜2003年、沖縄とその周辺で起こった出来事について。それぞれに思うことを連ねてみました。

将来に残したいウチナーグチ

ウチナーグチ復権なんて大げさではないけれど、私たちには私たちなりの「ウチナーグチ」があります。それを将来に残すべく書き記してみたら、辞書にはあんまり載りそうにもない言葉ばかりになりました。

風物・文化

青い空と青い海、なんてキャッチフレーズも今は昔。対外イメージもたいがいに、ということで、沖縄の風物や文化を、よりローカルかつパーソナルに描きました。アイコンは「模合帳」です(「もあらー」の項参照)。

メディア今昔

新聞、テレビ、ラジオ、広告……などについて書かれています。あったあった!と懐かしいものから、情報過多の時代にもインパクト大な逸品まで。独自セレクションでお届けします。

対決!シリーズ

癒しだチムグクルだテーゲーだと言われても、時には闘志に火がつくこともある。ハブとマングースはもう闘わないけど、こんな対決なら見てみたい!

あ

あい！

最近、「前世はウチナーンチュだったんですよ」という人によく会う。いったい沖縄の人口は何人いたんだ。そういう人は、

ウチナーグチもそこそこ使えたりするんだ。「そうさぁ」あたりから始まって、「であるわけさ」、ちょっと上級者だと「ぐぶりーさびたん」なんて言ったりして。沖縄の若い世代より、よっぽど使っている。

ただ、どうしても使えないのが、ふとした瞬間に出る「あい！」である。10秒に一度の割合で、今日も沖縄のどこかで、いや世界の沖縄人の間で発せられている「あい！」。沖縄人の喜怒哀楽全てに使える、万能かんたん（感嘆／簡単）詞。長寿とうちなーぐちの未来が心配されている中で、「あい！」はあいかわらず、驚いたり笑ったり泣いたりしていて、まぁ結構元気なのであった。

「あいっ、久しぶり」「あいっ、お化粧忘れてたさー」「あいっ、サミット終わってるさー」「あいっ、もあい、どうするわけ」「あいっ、死んでるよー」「あいっ、ま

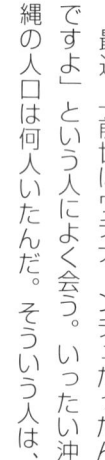

た選挙負けたさー」「あいっ、あの子かわいいなぁ」「あいっ、もぉ変なー」「あいっ、あいっ、あいっ」。生活のふとしたひとコマ、ささやかな衝撃に驚き、はっとする。そんな無防備な瞬間にこそ、沖縄あいっデンティティーはひそんでいる。なんとなく女性がよく使っている印象があるのだけど、おじさんだって実はよく使う。「あいっ、あんた、誰だったかねー」と、なぜか「あいっ」の一瞬、おばさん化したりしているのが、ほほえましい。（喜納えりか）

あいえなー！

「あいえなー」とは「あぎじゃびよー」と同義語、蛇足を承知で説明させてもらえれば、「OH MY GOD!」の意である。おとーさんおかーさん世代はともかく、若者が日常で使うことはほとんどなくなってしまった言葉である。が、「あいえなー」が一瞬流行語になったのを覚えているだろうか。

「♪うちのーパパーはカメラマン、家族そろってハイ、パチリ！早く見たいな傑作を～　カラープリントはファミリーフォートー！」というテーマソングが知られているファミリーフォート。そのテレビCMに、喜劇の女王・仲田幸子さんと平松さんという異色コンビが起用された。

二人は、胸に「エースプリント」のマークをあしらった野球のユニフォームに身を包んでいる。

平松「仲田さん、ファミリーフォートは写真界のエースですよ！」

仲田「平松さん、エースって何ねぇ～」

平松「あいえなー！」

平松さんの棒読みな台詞と、イマイチ乗り切れてないずっこけ(この言い方も古い)でCMは終わる。登場人物は2人だけ、おまけにブルーバック使用というチープさにもかかわらず、このCMは大ブレイク。シリーズ化されたが、「あいえなー!」で落とす基本線はずっと継続された。「選挙って何ねぇ?」「あいえなー!」「基地って何ねぇ?」「あいえなー!」といった掛け合いが、沖縄のあちこちで繰り広げられていた。

(桐かなえ)

アイスティー

中部生まれ中部育ちの友人3人の中に、南部生まれ南部育ちの私が交じってご飯を食べに行ったときのこと。場所は中部にあるラーメン屋さん。

それぞれ注文を済ませ、ご飯がくるのを待っていたら、お店のおばちゃんがアイスティーを運んできた。どうやらサービスのようだが、各グラスに長いスプーンが入っている。そしてなぜか砂糖を置いていった。シロップではない、普通のグラニュー糖だ。

はて？と思っている私の側で、中部出身の3人は慣れた手つきでその砂糖をアイスティーに入れてかき混ぜだした。案の定、溶けない砂糖が底に沈んでいる。それをかき混ぜかき混ぜ飲むのだ。

見たことのない光景に驚き絶句する私に、3人は3人とも「？　普通だろ」とおかわりをしては砂糖を足し、溶けない砂糖をかき混ぜるのだった。

沖縄って案外広いのかもな、と思った出来事である。


（宇和川瑞美）

青い山脈

あの「♪チャンチャンチャンチャン　チャンチャンチャン　チャラララ　チャンチャンチャン」でおなじみの『青い山脈』。このイントロが流れてくると、『マイムマイム』『オクラホマ・ミキサー』などとともに、高校生の頃に踊ったフォーク・ダンスなんか思い出したりするわけですが、今でも『青い山脈』がフォークダンスの定番として全県的に存在しているのは、どうやら沖縄だけらしいのだ。ある沖縄の会社の忘年会で、参加者みんなが一斉に『青い山脈』でフォーク・ダンスを踊り出すのを見た「沖縄移住」の友達は「えー、なんでみんな踊れるわけー」とびっくりしたというが、忘年会でフォークダンス踊る会社の方に、私はびっくりしたね。なぜ『青い山脈』がフォークダンスの定番として、沖縄で生き残ったのかはよくわからないが、なんとなく『校歌ダンス』を踊れる人と会った時の、「へぇー」という感想に通じるものがある。

（稲守幸美）

青の目印

小学校の帰り道。きまって〝わじゃ〟しますよね？　電柱までランドセル持つっこーとか、カゲしかあるいたらだめっこーとかね。

そんなわじゃの中で、今でも道でコイツに遭遇すると反応してしまう〝わじゃ〟がある。それは地面におっきなクギで埋め込まれたゴム製の「青の◎」「赤の◎」なのだ。

たぶん工事関係の印みたいなものとは思うけど、それを足で踏むのです。日によって今日は赤だけを踏むとか決めて、踏んだ数が多いほどラッキーというルール。

時たまレアな黄色の◎に遭遇して動揺するものの、神経はりめぐらせながらの下校は楽しかったですなぁ。

「◎」と同じようにこれまた工事関係の印だと思われる「水」というマークを踏んだりもしてました。

そんな小さな他愛もない発見ができる輝いた目を持った子供って何でも遊び道具にしちゃうんですねぇ。素晴らしいですねぇ。

（友寄司）

☆

アスファルトの道路にポツンとある、丸くて青い目印みたいなやつ。

何でもガスとか水道管の目印らしいのだが。あれを10秒踏むと、その日1日いいことが起こると言われていた。

そこで、私はみんなで帰る時もみんなと

歩幅を合わせながら、青い丸を見つけると瞬時に心の中で「1、2、ゴニョゴニョ…10！」とインチキ数えをし、1人幸せを待つ喜びに浸っていた。

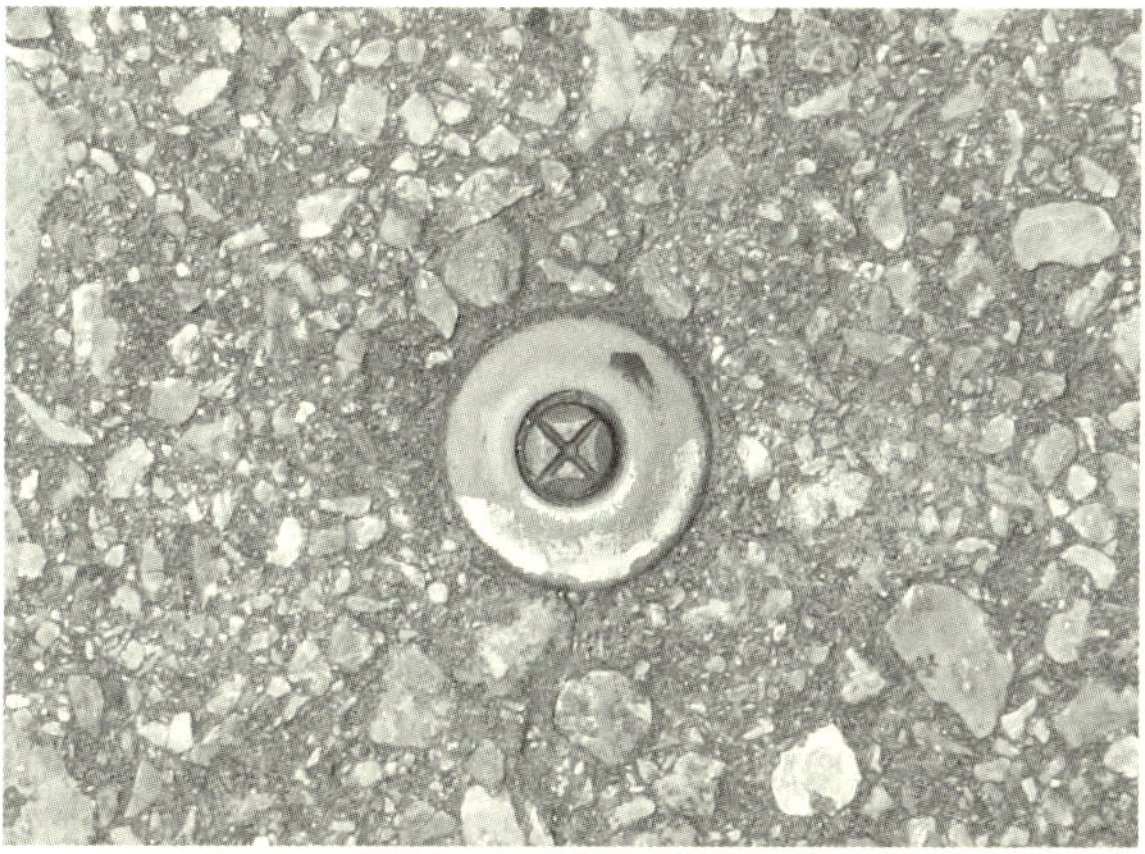

こちらが青の目印。本は踏まないでね

だが、その目印には青と赤があり、間違えて赤を踏んでしまった時には逆のことが起こると言われていた。ので、赤を踏んでしまった時はかなりブルーであった。

しかし、ちゃんと不幸回避法があって、また青を探して倍の時間踏めばプラスマイナス0になるので安心だ。

小学校の帰り道はいつも、青を踏んでは数え数えて歩いていたので、今でも下を見て目印を探すまではしないが、目に付いた時には多少歩幅の調子が狂っても足を延ばして踏んじゃったりしている。しかも心の中で瞬時に数えちゃったりしている。子供の頃の習慣って恐い。

その他「電信柱と壁の間を通ると凶」（電信柱の神様が怒るから）とかいうのもあった。

（玉城愛）

あ

アゲナ・スー物語

第一幕

それはある会議での、N社のカマルー氏の、こんな一言から始まった。

「そういえば『アゲナス』っていたよね」

うん？ 一同何でカマルー氏が急に「揚げナス」を食べたくなったのか理解できなかった。

話は「沖縄出身の女性アイドル」という話題だったのだ。

「あれ、知らないの、南沙織より前にいたでしょう？ アゲナスー」

はぁ？ 人の名前なの。一度さらに激しく？の嵐。

「アゲナ・スーさー」

N社のカマルー氏はやや困惑気味に、しかし遠く遙かアメリカ世を懐かしみつつ断言した。アゲナ・スー、その独特の響き。しかも誰も知らない響きに、一同深くかんどー&ばくしょーしたのである。名も知らぬ（いやスーだ）遠き沖縄出身の、そんなアイドルがいたなんて、僕は個人的に衝撃を受けた。知りたいっ、アゲナ・スーの全てを、と思うのも人情というものだろう。その後、方々聞いてまわったのだが、N社のカマルーさん以外誰も知らないのである。本当にいるのだろうか、アゲナ・スー。だれか、だれか教えてくれー。

（新城和博）

周囲のナゼ？の嵐に答えてくれたのは、だれであろう当のN社のカマルーさんであった。彼はその後、新聞社の資料室に出向いて、70年代沖縄についてあれこれさぐってくれたのだった。その結果が…。

アゲナ・スーとは、70年代半ば頃、全国デビューした県出身アイドル。アイドルらしからぬローカル丸出しの芸名には恐れいった。ただし、ウチナーグチ読みの「安慶名の父ちゃん」という意味ではもちろんない。ロングヘアーにカウボーイハット、ミニのパンツルックに二丁拳銃のいでたちでデビュー曲を歌っていた。エキゾティックな面立ちからスー族などのネイティブアメリカンをイメージさせたかったのだろう。当時内気なニーニーだった私には、その無国籍ふうはただただ赤面ものであった。県民から〈シマ〉コンプレックスが抜け切れない時代でもあったのだ。

結局、彼女は鳴かず飛ばずで終わったが、オキナワが多彩に展開する今日のミュージックシーンにいたら一つの個性として特定のファン層を獲得したかも知れない。

（牛はカマルー）

次頁に続く

第二幕

衝撃のアゲナ・スー発言以来、私は勝手にスーに親近感。だって同じ具志川出身なんだもん。ところが、なにぶんデビューは20年以上前。詳しい情報はよく分からないまま時は過ぎた。だが私は、思わぬところで彼女に肉薄することになった。

シーミーで久しぶりに集った家族との会話である。

「おとーさん、アゲナ・スーって知ってる?」

「知ってるよー。なんで具志川の人さ。あり、お父さんの友達のAおじさんいるさ。あの人がスーにバレーボールならーしたってよ」。Aおじさんは70年代に安慶名中でバレーボール部のコーチをしており、スーは教え子だったという。

「本名が末美（末子?）だったから、『スー』と呼ばれていて、デビューしたときは、みんな『あのスーがなぁ!?』ってびっくりしたって」

「安慶名」はスーの出身地・具志川の地名だ。ネイティブアメリカンスタイルで歌う彼女の横にはいつも、ちょこんと「具志川」と、少女時代のスーが座っていたのである。

（喜納えりか）

第三幕

ルーツなんかもあれこれ分かり、これで終わったかと思われたアゲナ・スー問題（問題？・）。しかし、カマルーさんから再びメールがやってきた。

差出人：<牛はカマルー>
宛　先：<ボーダーインク>
件　名：<Ａスー問題>

毎日暑いですね。ところで、『しぶきまこ』や『山川リサ』って知っていますか？
Ａスーの新聞記事を資料室で探している際、同じく70年代の新聞に県出身のアイドルとしてデビューしたらしいことが掲載されていました。興味津々で突っ込んで読みたかったのですが、時間が無くて断念せざるを得ませんでした。他にも県出身の聞いたことのない歌手や、タレントが結構顔を出すのです。
これは県出身芸能人鳴かず飛ばず列伝とか、マイナータレント特集とか、面白い切り口の企画ができそうな予感がしたのですが、いかがでしょう。またお会いするときそのへんの話で盛り上がりましょう。

牛はカマルーより

鳴かず飛ばずに終わった70年代沖縄アイドルたちが、今後もし日の目を見る日が来たならば、最大の功労者はカマルーさんだと断言しておきましょう。しぶきまこ…山川リサ…。

終

あ

あしばー

不良のこと。直訳したら「遊び人」だが、遠山の金さんのように世直しはあんまししない。よくつるんで適度に悪い遊びをするのだが、その分仲間意識も強い。一説によれば、方言を生活用語として極めて良好に保存しているのは、彼らあしばーたちなので、彼らを保護することが、沖縄方言を次世代に伝えることになるので、沖縄の夜型社会は彼らを温かい目で見つめている、らしい。

（玉本アキラ）

→しんかー　ホッパー

あったとーん

「当たり」の意味。アイスを食べたら「もう一本」が出たとき「あったとーん」。テストで適当に答えた箇所が正解だったことに気付き「あったとーん」。当たりにとーんがつくだけで、こんなにも軽快になる。嬉しさも倍増です。

（玉城愛）

あはぁ！

なるほどね！という時、フムフムと納得する時などに使われる言葉。「あはぁ、分かった！」「あはぁ、あれのことね！」みたいに。まん中にアクセントを置いて「a～han！」と発音すれば、外国人にも通じる、21世紀にふさわしいインターナショナル・うちなーぐちである。

（喜納えりか）

阿波連ビーチのおじさん

「県民なら大抵一度は行ったことがある」渡嘉敷島、この島の北端の阿波連ビーチに隣接して、「阿波連ビーチキャンプ場」はある。そして、ここの管理人のおやじが凄い。何が凄いかって彼、いつ行っても鼻毛が出ているのだ。

　僕は毎年夏に仲間でキャンプに行くのだが、渡嘉敷島はその利便性から、もう8回は訪れている。そしてその度にくだんのキャンプ場を利用し、その度にそのおやじに使用料を払うのだが、その度に鼻毛が出ている。最初に気づいたのは高校の頃で、最後に見たのが去年だから、なんと7年越しで鼻毛が出ている。オトウサンいい加減鏡見て下さいよ、と毎回思う。こういうの、なかなか本人に指摘しにくいので、この場を借りて間接的に注意を促したい。けれど次回訪れた時に鼻毛が出てなかったら、それはそれで寂しい気もするし。なぜこんなくだらないことで悩まなくてはいけないのか。本当に罪なおやじだ。　（カリイ）

©Tsukasa.Tomoyose

あ

あふぁ

期待はずれなこと。がっかり。かっくん。

（玉本アキラ）

安室奈美恵

沖縄の90年代とは、つまり「安室奈美恵と大田昌秀の時代」だったと言い切ってかまわないかもしれない。安室奈美恵以前と以後では、沖縄の芸能界における立場は一変したといえよう。（大田昌秀は最近、住民に訴えられているが、それは「アクション・プログラム」が施行されないからではないけどね）。

21世紀に入り、安室ちゃんは、まるでブラック・ミュージシャンのように、激しい人生を歩んでいるにもかかわらず、そのたたずまいからは、今だ上京したての、とまどいに満ちた表情をする。もっと堂々としていいのに、彼女はずっとどこか寂しそうに見える。ドント・ワナ・クライ、安室ちゃん。沖縄県民としては、今こそ真のプロフェッショナルである安室奈美恵を応援したいっ。ＭＡＸもねっ。

（稲守幸美）

天久解放地

「解放地」と書くべきか、「開放地」と書くべきか、0・1秒ほど悩み、きっぱりと「解放地」と書く。僕らは解放されたい市民だっ、なんてね。那覇の新都心として、天久の米軍住宅エリアが解放された80年代。フェンスに囲まれたまま土地整備が進み、でも広大な土地と林と泉（水鳥たちの

オアシスだった、ほんと）がそのままだった頃の90年代（車で忍び込んで遊んだり、盗まれたバイクが解体されてたり）。「おもろまち」という妙な名前が付けられても「天久新都心」と呼ばれ開発が進み、次々と道路が開通して、巨大なショッピングモールを中心に、なんら統一感を感じさせないままに、整備されていく21世紀のはじめ。マジック・ファンタジスタ池上永一の小説「レキオス」の呪術的な舞台となったマジムン的雰囲気は消え、そのかわりに夜になれば店の賑わいとは裏腹に人けのない通りは、既に地方都市の奇妙な荒廃的な雰囲気を漂わせている。それでもカンパチのように残る空き地に、移動パーラーがヤドカリのように集まってくる、その様子に最後の「解放地」の断片を感じさせる。何故、那覇の最後の解放地に、ナイト・マーケットは誕生しなかったのか。（K・ぼねが）

アフリカマイマイとゴンゴンムーサー

小学校の頃、下校途中といえばアフリカマイマイとゴンゴンムーサーだった。友達とのおしゃべりに夢中になっていると…「あいっ！」。地面を見下ろすと、そこにはアフリカマイマイがうずくまってたり、ゴンゴンムーサーがあわてて歩いてたりする。アフリカマイマイとはいわゆるかたつむりのでかいバージョン。エスカルゴまではいかないが、けっこうでかい！ そしてゴンゴンムーサーとはいわゆる毛虫なのだ。もう少しで踏みつぶしそうなのを危機一髪でかわすことは多々ありました。けど、最近みないんだよねぇ。というより、運転免許を取った今となっては車で道歩くことが多いから見ないはずだよね。（栄野比☆敬子）

なかよし♥

アワセそば

琉球朝日放送で、水曜深夜に放送されていたローカル番組の時間帯にガンガン流れていたCM。初代は髪の長い女の子。その次が前髪が揃いぎみの男の子。ふたりとも、口からそばをダラリと垂らしながら、「アワセそば、みんなで食べればおいしいよ」と棒読みでしゃべるのです。　（友利祐子）

泡盛のCM

　県民にとって泡盛のCMは見逃せないもののひとつだろう。飲む機会は多いものの注文するのはいつものお酒。不満があるわけじゃないけれど、ちょっぴりマンネリ気味。新しいものに手を出してみようにも、どれにしたらいいのか分からない。そんな長年付き合ったカップルのような心境のとき、決め手になるのはCMの面白さやインパクトではないだろうか。

　ここ数年のヒット作と言えば、何をおいても「残波の白」だ。「ザンシロ」と、あからさまに若者ウケを狙った略語といい、ローカル色濃く漂う元日生まれ・ゲンちゃん（前川守賢）の演技といい、そのゲンちゃんが着ている「ゲンちゃんTシャツ」といい、もはや本気なのか冗談なのか分からない。が、このCMでザンシロの知名度と売り上げは確実に上がったことだろう。

　他にも、「轟」の名ゼリフ「普通の上等」や、「くらにクラクラ」「うりうりずんずんうりずんずんアナタのハートにちむずんずん」等、思わず「ブラボー！」と巻き舌で叫びたくなるようなCMもあれば、地方CMにして豪華な出演陣（加藤登紀子、小柳ルミ子、アキ&ソルトフィッシュ、登川誠仁！）タイプのCMもある。

　さぁー今夜の泡盛はどっち!?

（宇和川瑞美）

アンコール

沖縄でライブやコンサートを開催する本土のミュージシャンたちは、沖縄のファンのノリのよさに感心するらしい。東京スカパラダイスオーケストラのライブがダンスクラブ松下で行われたときの出来事。ファンは、私を含めて20代の若者が多く、メンバーが登場するやいなやライブの中は絶叫の嵐と化し、飛んだり跳ねたりアグレッシブにエネルギーを発散させていた。メンバーも、沖縄のファンのあまりのノリのよさに気持ちがハイになったようで舞台ギリギリまでのりだしてファンをあおる。

最後の一曲が終わり、お決まりのアンコールタイムに突入した。普通なら、「アンコール」の呼び声でミュージシャンが登場しなかったらあきらめてパラパラと帰るのだが、沖縄のアンコールは一味違うのだ。一人が、「アンコール」と興奮冷めやらぬ声を張り上げると、一斉に「オイッ、オイッ、オイッ…」の手拍子と掛け声でメンバーが登場するまで続ける。スカパラメンバーはとうとう根負けしたのか、「ほんっとうに、感性だけの奴らだなぁ。お前らはアンコール大賞だぁぁ！」とヤケクソばりに叫んで演奏を再開した。

東京の友人によると、沖縄のような連帯感抜群のアンコールの仕方は見ないという。ミュージシャンたちが感心することにちょっと鼻高々の私であった。

（下里真樹子）

アンディ・かねひで

中国伝来の空手、世界チャンピオンを多

く輩出したボクシングなど、沖縄には世界に誇るべき格闘文化が根付いている。豊見城の平仲ジムには、K－1やプライドに出場する国内外の選手が頻繁にトレーニングに訪れている。

そしてそこには、2000年8月に急性白血病で突然他界してしまったスイスのサムライ、アンディ・フグも、本国スイスの豪邸に、女優の奥さんを残して一人（まあジムにはたくさん人がいるが）鍛練していた。

ミーハーな俺は1998年頃、アンディ・フグがいるという情報がある時は、平仲ジムの前を何回もバイクで行き来していた。そうして、豊見城の歩道を彼が歩いて、ジムの隣にあるスーパーかねひでに入っていくのを2度ほど目撃した。しかし、「孤高なる野生動物は遠くからそれとなく観るべきだ」という信念をもつストーカーチックでシャイな俺は、それ以上深追いはせずやり過ごして、後日スーパーかねひでのバイトに話し掛け、「気さくな方で握手してもらいました」「写真を撮らせてもらいました」「袋入りのチョコレートを買って行きました」という情報を入手した。莫大なファイトマネーを手に入れても贅沢に生きることなく平仲ジムでトレーニングをし、疲れた体にスーパーかねひでで購入したチョコレートを補給していたアンディ。そして沖縄の日常の空気の、なんとも非日常的なことか。

（大城篤）

→無限

アンマー入ってる

「オヤジ入ってる」の逆バージョン。妙

にンブシーを作るのが上手だったり、「あっさもう、あんたよー」が口癖だったり、一日十五日のウチャートーを忘れない若い子に対して使う。沖縄のおばーになりたい女子たちよ！「オバサン入ってる」よりも、「アンマー入ってる」方が、おばーへの近道かと思います。また、女子だけでなく、「おばさん化」した男の子の存在も忘れてはならない。あれこれ口うるさく世話をやきたがる彼らについて、今後はこう言うように提案したい。

「やー、アンマー入ってるぜー」

アンマー入っている彼らは、ちょっとイタイが、きっといい奴に違いない。

（玉本アキラ）

↓コンマー入る

い

EM

有用性微生物群という細菌たちを配合した液体のこと。私はEMに対して基本的にはニュートラルな立場だが、「効くかどうか、使ってみなきゃ分からない」との声も漏れ聞こえる。土にまぜると有機土ができ、たい肥にまけば悪臭が緩和され、農作物の質が上がり収量も伸びたりと各地で効果を挙げているそうだ。

　しかしＥＭ、それ以外の分野でも大活躍なのだ。電化製品に張れば有害波動が軽減されるＥＭ配合シート、どんな効果があるのか気になるＥＭパウダー入り接着剤、燃やしても大丈夫！　ＥＭタッパー容器などなど。２００１年には、某小学校で校舎の建て替えにＥＭ配合コンクリートが使われ大騒ぎになった。建築基準法にも適合せずＪＩＳ規格にも認可されないことが問題というが、もっと根本的なところで、市をあげてＥＭ導入に力を入れる姿勢がアレだと思うのは私だけだろうか。

　車で沖縄自動車道を北上すると、北中城のライカムあたりに「ＥＭ立県！」の看板が見える。観光立県をうたってもテロが起これば観光客は激減して大打撃、ＩＴ立県を目指しても、やってくるのはＩＴとはほど遠いコールセンターばかりの沖縄。ＥＭは、復帰して30年を過ぎてもなかなか「立県」できない沖縄を託すに足るのだろうか。

（志堅原リリア）

い

伊江島タッチュー

いわずとしれた沖縄・登山の代表格。普通は小学校の一泊研修などで行くことが多い。アクセスは泊港・本部港や那覇空港（要予約）があり、4月中旬から黄金週間にかけては伊江島ゆり祭りとタイアップして、かなりの観光客が訪れるらしい。タッチューは中腹まではシャトルバスで行き、登山入口から階段で登るのがメジャーな攻略法。しかし私はあえて、最初から頂上まで歩きを敢行してみた。中腹までは余裕で、「お、いい感じ」と思ったのが大間違い。その後が急な階段で足がガクガクし、息が上がってしまったのだ。中腹までは歩かさない理由がこれでわかった。でもまるで小学生が「伊江島タッチューに登ったぞ!!」なんて作文を書く心境で頑張り通し、約20分で宿願を達成した。頂上に着くと360度の絶景を見るより、へたりこんでしまったのだが、気分爽快だった。伊江島タッチュー、ウチナーンチュなら一度は必ず来るべきだ。

ちなみに伊江島の人はタッチューのことを「城（グスク）」とか「城山（しろやま）」と呼ぶ。

（與座みのり）

移住

沖縄への「引っ越し」が「移住」という言葉に変わったのが、90年代における「沖縄ブーム」である。「パスポートのいらない」とはいうものの、住民票はちゃんと移動しておかなくちゃ、国保の納付率にも影響がでちゃうぞ、こら（山咲トオル風）。

かつて沖縄は「海外移民」の盛んなとこ

ろであったが、今や「県内移住」が盛んな県になった。年々増加しているらしい「楽園のこちら側」を目指した「沖縄移住組」の多くが三線をたしなみ、ダイビング・ライセンスを持ち、島々巡りをして昨今の「沖縄イメージ」を強化しているわけだが（プチ偏見）、一方では、あとさき考えず「移住」してきたため、アルバイトを転々としたあげく、お金がなくなりヤマトの季節労働に出掛けてしまうという、自主的強制退去の例も出てきている。

　また、たまたま「転勤」して沖縄に来たのに、「沖縄移住」のカテゴリーに入れられ、どうしても沖縄になじめず「大嫌いになっちゃった沖縄」で、夫を残して戻っていってしまう転勤妻たちという例もあるのである。

　しかし、沖縄のことをぶつぶつ文句いいながら暮らしていて沖縄人に煙たがられていた、いわゆる中江・『ナビィの恋』・裕司監督言うところの「クサレないちゃー」はほんと激減しましたね。今は「くされウチナーンチュ」が増えているかも（すごい偏見）。

　また離島では長期にビーチでキャンプ生活をしつつ、普通の臨時アルバイトをして生計を立てる若者も増加していて、島の若者労働力の不足を補っているという。

（新城ゆう）

移住者

　会社帰りに国際通りを歩いていると、若い男性に「沖縄の人ですか？」と声を掛けられた。彼は北海道から来た観光客で、一人旅で味気ないので晩ご飯でも一緒に食べませんか、という話だった。まあいわゆるナンパだ。私は那覇市民で沖縄県の企業につとめてはいるけど神奈川県の出身だ。彼のいう「沖縄の人」というカテゴリーに入っているのだろうか、とはたと考えてしまった。

2年くらい沖縄に住んでいるけど、他の県から来た人に沖縄のことをあれこれ話せるほどこの土地になじんでいないし、ウチナーンチュ大会にも参加できないし、でも母親は八重山の出身だし、観光している人からみればここの住人であるわけだし、市民税も払っているし…。平和な夕暮れどきの国際通りで、私はアイデンティティー・クライシスと正面衝突した。激しく煩悶していると（放心しているようにも見えたかもしれないが）、相手は脈ありと思ったのか、執拗にくいさがってきた。

「これからデートなので」と断ると、「あー、そっすか」と言ってどこかに行ってしまった（ほんとにデートだったし）。

通り魔的にぶつけられたこの問いに、まだ私の答えは出ていない。

しかし今になってみると、彼が北海道から来たという確証もまったくなかったので、あれは観光客を装う新たなナンパの手口なのかもしれない。（太田有紀）

1号線

いまの国道58号は、戦後から復帰まで「1号線」と呼ばれていた。沖縄本島を縦断する路線には1号、3号、5号線…と奇数号線、横切る路線には2号、4号、6号…と偶数号線を冠した米軍の命名方法に由来している。「1号」の名の通り、戦後沖縄で一番早く整備が進み、そして最も重要な幹線でもあった。

しかし、それだけではなく、私はなぜかすねのことを「1号線」と呼んでいる。大学の友達と居酒屋で飲んではしゃいでテーブルにすねをぶつけた私。「アガーッ！1号線打ったぁー！」と叫んだ。すかさず那覇市民のT君が「エー、ヤーよ。1号線って何か！」。

「は？1号線」とすねを見せた。T君は「ここは弁慶。1号線はアマ！」と国道58号の方向を指さす。私は「え？1号線って言うでしょう？」。すると一同は「弁慶だ」「すねだ」と主張した。私の主張はしりぞけられた。同じ沖縄でも地域で言葉が少しずつ違うことから起きた出来事だった。でも、その時に私のほかに「1号線だ」と言う人がいなかったことがとても悔しかった。

後日、私は幼なじみたちに確認してまわった。しかし友達の答えは、笑いとともに「そうだねー。でも今は使ったら恥ずかしいかもぉ」であった。ああ、そんなぁ。悔しい。（H）

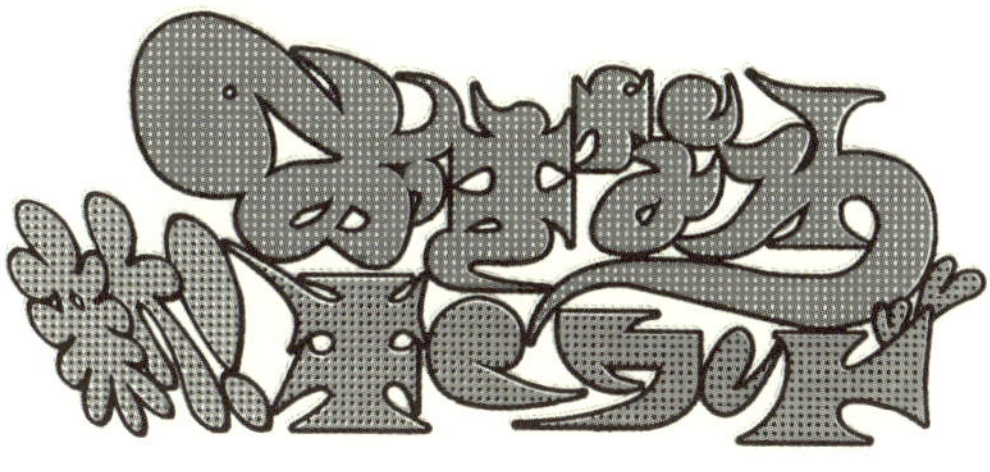

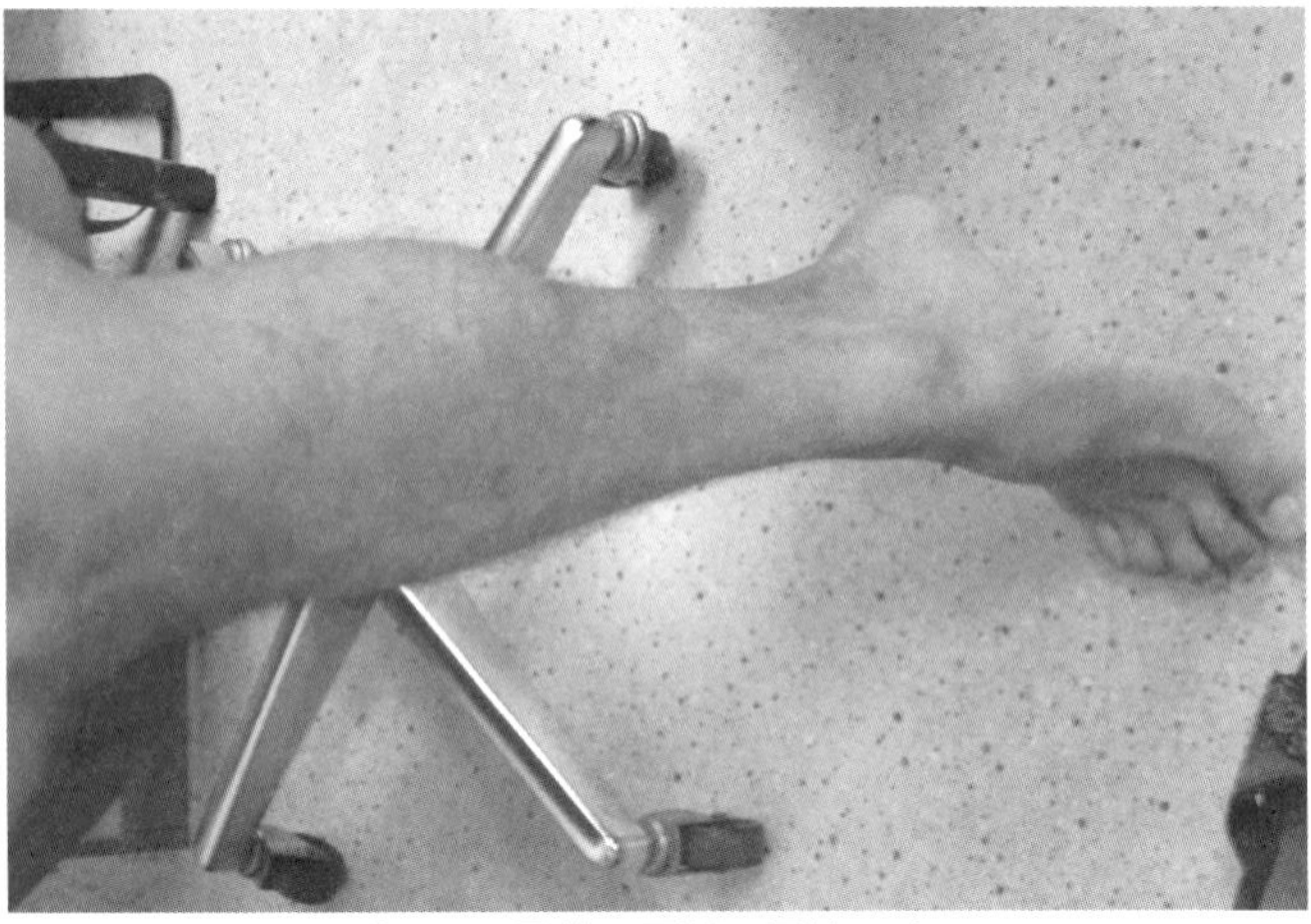

上は58号線、下は1号線です。

ＥＶＥ

　今から20年程前、歌謡曲が全盛の頃、あのスリーディグリーズを彷彿させる女性コーラスグループを耳にした。ＥＶＥ（イブ）である。すごい、すご過ぎる。アイドル歌手のコーラスから有名アーティストのコーラスまでジャンルを問わず活躍していた。そしてこの3人は姉妹であり、沖縄出身であった。私はこの時はまだ沖縄移住前で、沖縄に対する知識が乏しかったが、「沖縄＝音楽がすごい所」「沖縄＝血のかよった音が体から湧きいでる所」と感じた。

　ＥＶＥの3人は今どうしてるのかなぁ。オリジナルアルバムも何枚か出していたのに。スリーディグリーズは復刻版ＣＤが出たので手に入れたけど、ＥＶＥは出ないのかなぁ。持っている方いたら、連絡くださいな。

（大井直）

伊平屋ムーンライトマラソン

　夕日は水平線遥か彼方に沈み、十五夜の月に照らされて懐中電灯片手に島を走る。それが伊平屋ムーンライトマラソン。

　おいらは運動音痴でマラソンは特に嫌い

い

だ。が、この大会だけは別。もう3回ほど、へなへなになりながら完走（完歩？）している。何が魅力って、前夜祭・後夜祭の島人総出（？）のおもてなしがで〜じじょうとう。素朴で無理のない手作りのイベントというのは参加者の心も元気にしてくれます。

　で、メインイベントのマラソンもまたいとをかし。ちんたらちんたら他のジョガーに邪魔にならないよう道路の端を走って（歩いて）いると、おじさんが「に〜さん、そんな端走ったらあぶないよ〜！」「…なんでですか？」「ハブは飛ぶさぁ〜」。周囲に何もないそんな暗闇をハブに気をつけながら走って（歩いて）いると距離感がなくなってきます。だって風景が変わらないもの…。「15キロの看板まだかな〜制限時間間に合うかな〜このまま行くとぎりぎりだな〜」とかあれこれ考えていると、遠くにライトアップされた看板発見！「やっと あと15キロだ〜間に合いそう！」とちょっと重くなった足も軽やかに…。が看板には「ハブに注意」…。だんだん本気でハブが怖くなって、否応なしに走ってゴールするのであります。

（柚洞一央）

↓おきなわマラソン、NAHAマラソン

意味くじ分からん

　私にとって、昔からの疑問のひとつが「意味くじ分からん」であった。「くじ」って何だ。意味くじ分からん。そこで、長いこと独自の検証を重ねて、次のような仮説を導き出すまでにいたった。

①押韻説

「意味ん」に、大した意味のない「くじん」

という音を続けて韻を踏み、強調している。

②くじ引き由来説

引いてみるまでアタリかどうか分からないというところから。

③うむくじポーポー説

バカっぽい響きのする「うむくじポーポー」からのダジャレ。

ところがである。ある日、知人に教えられて新聞の「オピニオン欄」を見た私は衝撃を受けた。大意、以下の通りである。

「『ムジンクジンワカラン』という表現は、昔那覇の松川にあった碑文が風化してしまい、判読できなかったことにある。つまり、『文字ん故事ん分からん』ということだ」。

つまり、松川の碑文から始まった「文字ん故事ん分からん」が「意味んくじん分からん」となり、「意味くじ分からん」を経て「意味よ！」となったのである。そんな歴史の流れに思いをはせてみよう。消えてしまった碑文も報われるってもんだ。

あっさり場外に投げ飛ばされた私の研究は報われないが。

（桐かなえ）

↓意味よ！

意味よ！

小学生って、なんか変な言葉を使いますよね。新種の方言とか新種の日本語とか。僕が最近耳にして新種発見！と思った言葉に、「意味よ！」っていうのがあります。これ、僕の住んでる久米島だけで流行ってるのか、それとも沖縄全体的に流行ってるのかは分かりませんが、だいたい、小学校低学年の子たちが使っています。直訳すると「やーが言ってること意味分からん！」になります。現場では変化を重ね「やーは結局どうしたいわけ？」となり、さらに転じて「何なんだよ、おまえは〜！」という意味になって使われております。

　たとえば友達3人、店でお菓子を買おうとしてレジで支払いするとき、1人だけ、「あっ、お金持ってないや！」と気づいた。するとあとの2人が、「意味よ！」とツッコミを入れるのです。なんかかわいいですね。

（伊集盛也）

癒し系カフェ

　今や「癒しのカフェ」のメッカとなっている南部のとあるカフェでスーギキーした、沖縄のおばちゃんたちの会話。

　2人は、なぜか重箱、オードブルのような風呂敷をカタメテ店内に入ってきた。どうやらシーミーの帰りのようだ。

「あっさ、ここもいいねー。この前、あそこに行ったよ。ほらほら、『山辺の茶屋』」

（微妙に「浜辺の茶屋」とは違うのが、イイネッ！）

「いいよねー。あそこ」

「あっさ、癒されたさー。今度お父さん連れて行こうかねぇ」

「ほんと、ほんと。癒されるさー」

　私は、比較的「癒しのカフェ」現象について偏見があるのですが、この「あっさ、癒されるさー」の会話を聞いて、沖縄のおばちゃんたちが癒されるなら、まぁいいかぁと思ってしまいました。この後おばちゃんたちは、ひそひそとなにやら親戚関係のごちゃごちゃとした話を始めたのでありました。

（稲守幸美）

西表のプライベートビーチ 

ある年の9月。西表島の船着き場で、ぼーっとしていた時のことだった。どこからかおじーが近づいてきて、「君、行くところはあるのか。よかったらウチに来ないか」と声をかけられた。とりあえず話を聞いてみたら、ビーチにテントが張ってあって、そこに泊まっていいらしい。おじー自身は近くのプレハブに住んでいるという。せっかくなのでしばらくやっかいになることにした。

着いてみるとビーチの木陰にテントがあって、ベッドも置いてあるし、風が通ると気持ちいい。しばらくしたらテントまでおじーがやってきて、

「君は裸で泳いだ事があるか。やるかやらないかは君に任せる」。

そう言うと自ら全裸になって海に駆けていった。何者なんだ、このおじーは。でも、これを見せられたらやるしかない。そうやって飛び込んでみたら、この波と砂の感覚がなんともいえず気持ちいい。でもこのおじー、海からあがっても、裸でいる事の意義を主張して服を着ないで話しかけてくる。「やっぱり何も身につけてなければ対等なつきあいができるんだよ」。せっかく

だから、こっちもそのまま裸のつきあいを続けていった。昼間はこうやって好きなときに泳いで、休んで、ゆくって、飲んで。真夜中、ハブにおびえながらビーチに帰ったのもいい思い出だ。3日間しかいなかったけど、あの人のおかげで楽しかった。きっと今でも若い人を泊めて、「まっぱだか」の素晴らしさを広めているんだろうな。

（野添博雅）

西表リゾート

世界的大企業の社長みたいな人が沖縄に来ればねぇ、なんてテレビCMを見かけるたびに、深読みのひとつもしたくなる今日このごろ。なぜなら八重山の小さな島に、大企業がほんとにやってきたのである。小さな小さな島に、不釣り合いな巨大リゾート開発。住民を二分する大問題となっている。環境問題は言わずもがなだが、海洋博当時、巨額のカネを投資して、いまは廃墟と化した「太陽の村」の教訓はどこに。リゾートホテルで雇用拡大というが、地元から採用される保障はどこに。すでにある民宿の経営や今後いかに。

企業側への素朴な疑問は尽きないのだが、法律と既成事実を盾にウェルカムモードを崩さない首長だって、なかなか見上げたものだ。あまたある問題を無視してでもカネを落としていってくれればいい人にとっては、そのお化けのような大企業には足を向けて眠れない、いや「足で踏んで歩けない」ってことか。

（志堅原リリア）

→オホホ

う

うちなーやまとぐち

ウチナーグチにヤマトグチをミックスし、それを若者ナイズした言葉。ウチナーヤマトグチをうまく取り入れることによって、1990年代に笑築などはブレイクを果たした。「現代沖縄の若者言葉」というのが一般的認識だが、はてさて最近の若い世代間では、ウチナーヤマトグチなんて使われないことも多い。ウチナーヤマトグチはそのうちヤマトウチナーグチになり、最終的にはなくなってしまうんだはず。もうすぐウチナーヤマトグチを守る運動が起こっちゃったりするかもしれない。

（喜納えりか）

うっけーせん

「うっけー、うっけー、うっけーせん！」の掛け声とともに手のひら、もしくは甲を

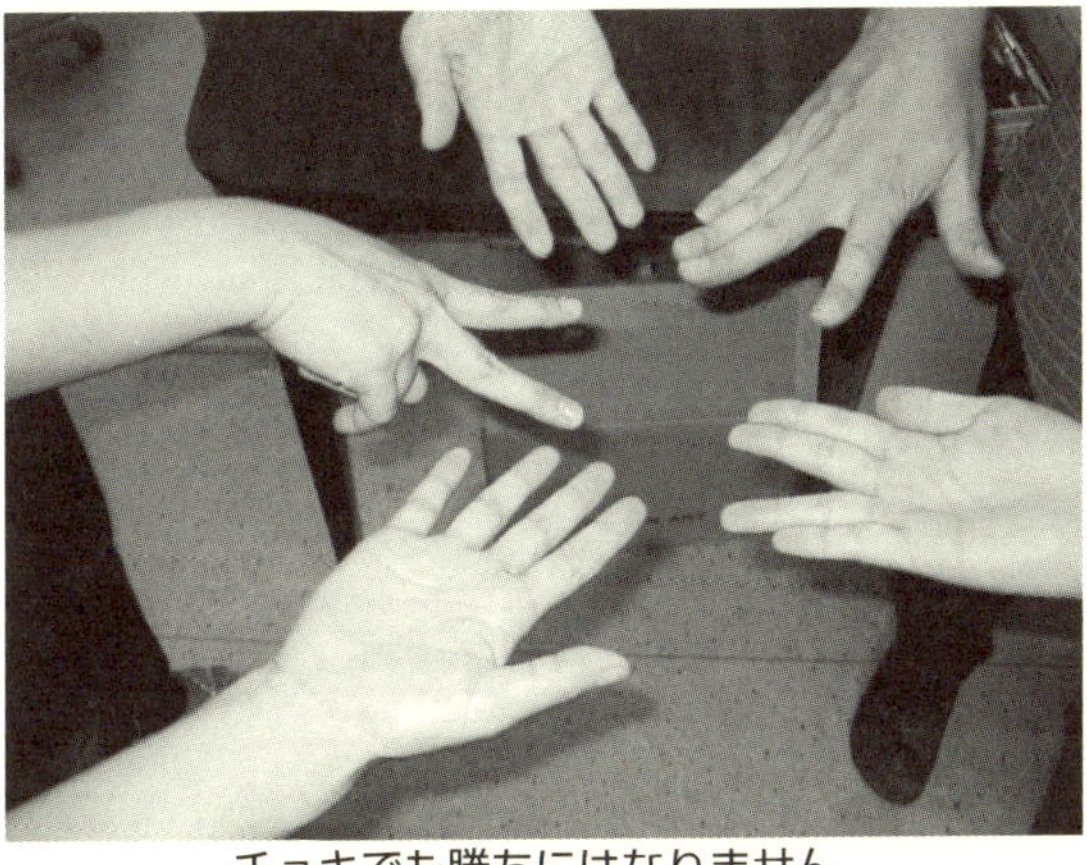

チョキでも勝ちにはなりません。

う

出す。手のひらを出したグループ、手の甲を出したグループと、集団を組み分けする場合に使う。おそらく似たようなものはほかの地方にもあるんだろうけど、各地で掛け声やらルールが違いすぎて統一できない。

まずは中学校に上がった際に、ほかの小学校から来た連中とのルールすり合わせに苦労する。でも、高校に上がったころには、そんなのバカらしくてやらなくなるので、忘れ去られてしまうのである。（KGB）

うっちゃんなぎる

めんどくさい、煩雑な事態を放り投げること。「打ち投げる」だろうか。ウッチャンを投げるではもちろんない。「してぃほーりー」よりも積極的な放棄だが、「ちゃーんならん、とぉ、うっちゃんなぎれー」という言い方には、現状への諦観が透けて見えるようで、ちょっとだけちむいぜ。

そうなると、反対語は「ちばる」かな。

（喜納えりか）

→してぃほーりー

うっちんとー

1996年以降、僕はうっちんとーすることが多くなった。理由は言いたくない。

視線を足下に落とし、うつむいたままの姿勢が「うっちんとー」だ。落ち込んで他人と視線を合わしたくない。顔をガクッとおとして、もうだめだこりゃってこと。

くよくよばっかりで暗い顔してうつむい

ていると、「沖縄」っぽくないかもしれないので、この言葉もいつか忘れ去られてしまうかもしれない。

そうなったら、うっちんとーしたくてもうっちんとー出来なくなる。そんな暗い（いや、明るいか）世の中になるのは、いかがなもんか。

そこで僕はうっちんとーする権利を守るために、2001年9月に「全琉うっちん党」を立ち上げた。

党員の資格は、「常に下を向きながら、前向きに物事を考えちゃったりする個人、もしくは個人の友達」。

そして2年たった今、いまだ党員は僕独り……。これが、まぁ正しい「うっちんとー」であろう。

（新城和博）

うっちんとー

海ぶどうvsもずく

市場で人気のお土産対決。同じ海草どうしで、ゆらゆらと勝負が始まる。

「なにプチプチしてんだよー」

「お前なんかヌルヌルしちゃってさ」

「っていうか、俺なんか『グリーンキャビア』なんて呼ばれているんだぜ」

「でもお前、ほんとの名前は『んぎゃふ』じゃん」（原産は宮古さいがよ）

「……お前なんか『すぬい』やしぇー」

しかし結局「海ぶどう景気」と呼ばれるほどの海ぶどうの勢いに負けて、すぬいは海のもくずと消えた。ダジャレか。

↓対決パート２（Ｐ１９９）に続く

海人Tシャツ

数年前から沖縄のファッション界に一大ムーブメントを巻き起こしている「海人（ウミンチュ）Tシャツ」。これはTシャツの背に大きく「海人」と筆書きのロゴが入っているもので、国際通りをぶらり歩けば老若男女問わずこのTシャツを着ている人に必ず出くわす。しかもこのムーブメント、沖縄のみならず内地にも飛び火しているようで、本土在住の僕の友人が沖縄に遊びに来た時も、「海人Tシャツ、どこで売ってるの？」とわざわざ尋ねていたから、その人気たるや図りしれない。しかも当然、アレンジというべきか何というかが生み出されて、最近は「畑人」やら「山人」やらも見かける。「悪人」なんてのもあった。もう何でもアリだ。けれど思うに、やっぱりこのTシャツが最も似合うのは、糸満辺りの生粋の漁師ではないか。浅黒い肌、たくましい腕で、サオにかかったシイラと格闘するその背中に踊る「海人」のロゴ。かっこいいじゃないですか。というわけで僕は、漁にも出たことがないような色白でナヨッとした連中がこのTシャツを着ているのを街中で見るたびに、

「…陸（おか）サーファーだ、陸サーファーだ！」とつぶやいてしまう。（カリイ）

ぅわー

沖縄に戦争は必要ないけれど、豚は必要だ。NO WAR, BUT UWAA.

（玉本アキラ）

え

エイサーニービチ

「スリサーサー」（男）
「ハーイヤー」（女）

若い素敵な男女が集う青年会で、色恋沙汰がおこらないはずがない。

青年会活動で、知り合った男女に恋が芽生え、みごと結婚に至ることを「エイサーニービチ」という。なにせオンシーズンは、夕方から公民館に集まり、エイサー練習し、反省会を行い、いったん帰って睡眠↓仕事（学校）へ行き、集まり、練習、ミーティング…というのが、本番旧盆までなんと約2ヶ月も続くのだ。

毎晩毎晩。（もちろん未成年は、先輩達が送迎していますよ）こんな状況で、恋のひとつやふたつ生まれないわけがない！

しかし出会いあれば、別れあり……。2人が別れてしまった場合、毎日毎日顔を合わせるのは、これまたほんとに辛い状況なのだ。「あいのり」顔まけの恋愛模様が繰り広げられているんだなぁ。

（與那嶺江利子）

↓ニービチエイサー

ＨＹ

兼久商店、隆福丸、そしてホワイトビーチというあまりにもローカルな固有名詞が歌のタイトル。一方、あまりにも全国的に耳になじみやすい（陳腐トイウ意味デハナイヨ）その旋律と歌詞。一見「形式」が東を向いて「内容」が西を向いているその沖縄初のミクスチャーバンドは、北谷の路上という若者文化のアジマーで産声を上げた。彼らは自身の出身地である東屋慶名というこれまた実にローカルな固有名詞の頭文字をとって、バンド名をＨＹとした。（もし西屋慶名だったらＮＹ！）ばらばらに寸断されたローカルな日常風景をゆるやかにつなぎ止めるＨとＹのアルファベットの二文字。

ちゅらさんブームの流れにのってヤマトゥからの眼差しを先取りして振る舞うことの快楽に、ややもすると無自覚になりがちなこの時代。「ＨＹ」という記号（的な名前）にどんな「沖縄」が宿っていくのか注目しよう。史上初インディーズオリコン初登場第1位という看板をひっさげての全国ツアーから帰ってきたら、そっときいてみよう。ＨＹから東屋慶名へのおみやげ話。

（前嵩西一馬）

駅前

モノレールが那覇に出来て、沖縄にも戦後初めて「駅前」なるエリアが出現することとなった。しかし沖縄県民の感覚としては「バス停前」くらいの感覚しかない故に、いったい駅から何分以内を「駅前」とするのか、よくわからない。店の名前も「駅前」

ばっかりならぶのもいかがなものか。ここはひとつ屋号（やーんなー）感覚で行こう。「スナック駅前（えきめー）」「駅前門（えきめーじょー）薬局」「東駅前小（あがりえきめーぐゎー）ストア」「カフェ駅前小三男屋（えきめーぐゎーさんなんやー）」……。駅前商店街ばんじゃい！（稲守幸美）

栄野比の島民ダンス

数年前、我が家で大ヒットしたビデオがある。青年ふるさとエイサー祭り（奥武山の方）の前夜祭である「郷土芸能部」の模様がたっぷりと映っているやつ。毎年やっているテレビ番組で、本番はもちろん各地のエイサーが集まって、スイ、スイ、スイするのだが、郷土芸能の部は、各地の特徴的な踊りなど、いろんな民俗芸能が集まってくるので、けっこうおもしろいのである。

　中でもめちゃくちゃ気に入っていたのが、具志川市栄野比からやってきた「島民ダンス」だった。伝統芸能なのかねーと思わせるネーミングの踊りだが、まず見た目がすごい。全身黒塗りした青年達が数十人、衣装と言えばなんか葉っぱのような腰ミノみたいな感じで、どう見ても放送禁止すれすれの南洋の人イメージ。栄野比出身の移民の人が、サイパン島から持ち帰ったと言われるのだが、青年たち一人一人がなにやらやけくそ気味に自己紹介の口上を述べた後に、ふしぎーな踊りが始まる。まずよく何語が分からないみょーな南洋ラップ調の歌と踊り、そして酋長さんの娘がどうしたこうしたという昔の歌謡曲ダンス。印象としては、新郎側の友人の裸チックな余興なのだが、これが戦後、栄野比の伝統芸能となり、こうして全琉に向けて舞台に立っていることに、僕は感心したのだ。

　ついでにいろいろ調べたら、似たような芸能として、有名なところで小笠原島の「南洋踊り」（ミクロネシア帰りらしい）、また小浜島や座間味島などにも、南洋帰りの踊りが祭りの際に踊られているようだ。

　いつの日か、青年ふるさとエイサー祭り・郷土芸能の「南洋部門」として勢揃いして、踊りくるってほしいです。（新城和博）

FMたまん

「FMたまん」は、糸満市内を聴取エリアとした沖縄初のコミュニティFMで、糸満のオジイ・オバアに非常に愛されているラジオ局である。朝は糸満漁港からセリ市

情報が発信され、民謡番組にはリクエストの電話がひっきりなしに鳴る。放送中も市場やマチグヮーのオバちゃん達が天ぷらなどを差し入れてくれるなど、地域密着度はかなり高い。ラジオのリクエストはメールという時代に「名護のたきこ〜にぷれぜんとね。リクエストはねぇ〜」と電話でのリクエストが主だというのもコミュニティならではで、地元に溶け込んでいる証拠でもある（ただし名護では聞けません）。そして、ここでの決まり事は、日付を旧暦で言うことである。

★

そんな「FMたまん」では地元企業を主なスポンサーにしたラジオCMが流れるが、それに素人の私が出演したのである。自動車販売会社のCMで、役どころは「18歳の娘がお父さんにあまえながら、車をおねだりする」というもの。セリフは一言「くぁわいい〜車がいいいな〜」である。18歳という中途半端な年齢を声であらわすなど神業でしかなく、何度も「ダメダメ、まだ26歳だよ」「おっし、23歳くらいまではきたねぇ・・・」などとありとあらゆるおだてと助言によりついに録音成功！　後にこのCMがラジオから流れることとなった。

今だからこそ言えるが、その時の私は32歳で2人の子持ち。局側もかなり無謀である。

（池間洋&金城貴子）

FMチャンプラ

本当につい最近にスタジオが移転して心機一転！なFMチャンプラ！は沖縄市にあるコミュニティーFM局です。私がやっているのは（今の時点で）土曜日の生放送トップバッター番組（Ｕｎｉ－－ｓｔ＠っています！）なので、始まる頃はそんなに人はいないのですが、番組が終わる頃になると話は別。他のスタジオで収録を行っていたり、学校のプール帰りの小学生の子供たちが出番を待っていたり、運が良ければ歌手の方とお話しできたり、たくさんの人が色々なことをしています。私はというと、サークルの先輩たちと一緒に今日の番組の反省や今後の打ち合わせを、居心地の良さにかまけてぐだぐだと行ったりしています。インターネット放送もやってるおかげで、県外のリスナーも居たりするんですが、たまには地元の人からのリクエストもいっぱい読んでみたいな～なんて皆でぼやいています。

　ラジオを放送するスタジオは赤いレンガの通りに面していて、通りすがりの人が気楽に見られるようになっているのですが、スタジオ内の私からすればちょっと緊張して困ってしまいます。スタジオをのぞきにこられる方がいたら、頑張って放送しているので、あたたかく見守ってくださいね！

（栢カンナ）

ＦＭなは

国際通りから発信しているコミュニティーＦＭ。キャッチフレーズは「亜熱帯ラジオ」。

　その筋では有名な中古レコードショップの「ゲットハッピーレコード」プレゼンツの番組「INDIES BOOSTER」は、地元のインディーズバンドを全国に向けて（インターネット放送があるのです）プッシュしていくもので、バンド自ら持ち込み大歓迎という、ラジオ沖縄の「新唄でーびる」と同じ手法で要チェックだ。さらに「今週のおくやみ」なんて意外な番組もあり、那覇のコミュニティーのありようを考えさせられる。

（稲守幸美）

FM21

2002年に開局した、浦添市にあるコミュニティーFM局。実は俺は、「時間枠が開いているから」という理由で、開局当時、番組を持っていたことがある。放送時間は金曜日の午後11時。ここが埋まっていないとは、ラジオ局としては致命的だ。

前番組は、今をときめくアイロウ＆タカ。『スッパイマンのテーマ』がブレイクする直前だった。番組中はリスナーからの電話、FAX、メールなどがバンバン届いているらしい。見学客がお土産なんかも持ってきちゃったりして。それに対して、俺たちの番組には一度もそういったたぐいのものは来なかった。イタズラ電話のひとつぐらい来ても良さそうなものなのに…。

終わりは唐突にやってきた。

「すいませんが、君たちは今週限りと社長から言われています」

人はいいけど気の弱そうな夜勤の技術者から言い渡された。同局の番組変動の激しさと打ち切りの唐突さは聞いていたので、そう驚きはしなかった。若者色を排除し、中高年をターゲットにした民謡・演歌・歌謡曲中心のラジオ局を目指すとのこと。アイロウ＆タカも切られたという話を、後々聞いた。この時代に、リスナー層をそこまでしぼりきる勇気に拍手である。

スタジオから見渡す西原町一帯の夜景は、かなりきれいです。見学がてら、一度訪れてみてはいかがでしょうか？　そのときは、嘘でもいいから「毎週聞いています」と言ってあげてください。（ＫＧＢ）

お

横断幕文化

君は横断幕を見たことがあるかぁ！……まぁ普通に誰でもあるとは思いますが、何気なく車を走らせて、よくある風景の一つとして「横断幕」を見ているようじゃ、ダメだ！　沖縄は、実は「横断幕天国」（に一番近い島）なのである。

「横断幕」は、十字路、三叉路あたりのガードレール、もしくは、道沿いのフェンスに何者かによって設置されている。「夏期大里村競技会」とか「玉城スイミー優勝」、「○×小学校五十周年記念」「※△青年会メンバー募集　マジだJ」（実話）など、その地域に適度に密着した様々な情報が、横断幕をチェックしていくと分かる。

またその地域にむっちゃく（密着を上回るくっつき具合）しているお店の情報……「運転代行　他社より安い」「とぅる・るん・てんライブ」（実話）などもゲットでき、役立つことこのうえない。「資金造成チャリティーゴルフ大会」「糸満市長杯ボウリング大会」「照屋監督杯野球大会」（一部匿名）など、地域の政治動向すらもわかったりして、横断幕をチェックしていたら、ドライブの間中、退屈することない。各地の横断幕がよく張られる十字路、三差路、

お

カーブを回る「横断幕ドライブ」、お勧めです。

さらにこの「横断幕」、張り方、設置場所など、微妙かつ確実に、南部、中部、北部のそれぞれの文化地域性を反映している。つまり「横断幕文化圏」があるのだ。知らなかったでしょう。僕も知らなかったです。例えば、南部でもっとも「横断幕文化」が発達しているのは、大里村である。メッカといってもいいのが、稲嶺十字路。

ここで詳しく述べるスペースはないが、いずれ「横断幕文化研究序説」として発表する予定なので、沖縄の横断幕文化にぜひ注目していただきたい。ちなみに、3メートル4000円が相場である。

（新城和博）

→「オレンジレンジ来たる」

なーめーめーの中部。やりすぎ

横断幕の花道のリージョン前

手作り感あふれる一枚

OCN

正式名称を沖縄ケーブルネットワーク(株)。那覇市をはじめ10市町村でケーブルテレビ&インターネットサービスを展開している。

OCNでは多くの専門チャンネルを楽しむことができるが、OCN自体が放送する、いわゆるコミュニティチャンネルがある。略してコミチャン。OCNでは3chだ。

この3ch、8chや10chといった地上波局とはひと味違った魅力がある。というのはガンガンの照明や気取りのない、自然光で素朴な素顔の沖縄が表れるという点。おかっぱヘアが印象的な歌手、伍代きよし氏がカラオケファンと共にお送りする、ディープな雰囲気の「歌の宅急便」や、テロップが画用紙にマジックで書かれていた(後にテロップを被せて修正)など全てがお手製の三線テレショップコーナーをもつ「郷土芸能ライブ」。南風原町役場職員が町の情報を、町議会議場をメインスタジオに伝える「はえばる探検隊」というのもある。

そして、何と言っても今をときめいている3chのアイドルは、「沖縄発！おもしろ調査隊21」の「沖縄の川を飲む」のコーナーで県内の川を飲みまくっている川飲みスト、ケンシー高平さんだ。白衣にタオル鉢巻き姿で川の水質を検査、その味をみるという体を張ったリポートで沖縄の川を紹介している。その素で天然なオジさんの、キュートな魅力に心惹かれるファンも多い。

ちなみに、あの魅川憲一郎さんも3chに出ていた。沖縄の超どローカルアイドルを先取りするには、3chを要チェック！かも。

（池間洋）

オオタニワタリ

「あんなに食べ物で感動したのは久しぶり！」とは、友人ヤマさんからの電話。彼女が食べたのは、私が八重山土産に買ってきたオオタニワタリ。オオタニワタリは、みなさんよくご存知シダ科の植物で、岩肌や木に着性していたり庭先でもよく見かける。観葉植物として知られているが、新芽を食すと石垣島で知り、実際そのチャンプルーを食べてみた。

その第一印象はよい歯ごたえ。思ったほど青臭くなく、少しのネバリがなかなかいい味を出していた。ゼンマイのような形状も愛くるしい。料理法は他に、天ぷらやお味噌汁、さっと茹でてサラダにもいいらしい。

「オオタニワタリって、どうやって採れるのかな？スーパーにも出回っているくらいだから、たくさん栽培しているところがあるはず！」すっかり虜になった彼女の言葉で、我々は石垣島に飛んだ。「一面に広がるオオタニワタリ畑」を夢見て。

　まずは、石垣市民の台所、アヤパニモールで聞き込み開始。「名蔵の人が卸してるって聞いたよ」情報と一緒に手製の名刺を差し出す。さすが観光立県の沖縄にあってその王者的地位にある石垣でスマートな商いをしているオバアの証言から、一路名蔵へ。しかし、手がかりが足りない。ＪＡにも問い合わせたが、それ以上の決定的な情報もないまま、手探りの捜査は続いた。

　オオタニワタリを採取してはならない旨の立て札があると聞き、雨の降る悪天候の中、野底マーペ付近の山中に分け入ったりもした。そして、照りつける太陽が天頂を過ぎた頃、川平を経てようやくたどり着いた有力情報が、大嵩のある農家。さっそく現場へ向かうと、やさしい表情のオバアさまが我々を出迎えてくれた。

「ヤマさん、そこだ！」。そこにはオオタニワタリが栽培、いや、生えていた、と言った方が正しかろう。「オオタニワタリはね、こうして畑などの隅っこで生やしているんだよ」どうやら畑作のサイドメニュー的存在のようだった。

　「一面に広がるオオタニワタリ畑」の夢は空前の灯火と消え、私達の捜査は太陽に吠えたいようなあっけない結末を迎えた。

おまけ☆それから数ヶ月、私はある行政雑誌で、オオタニワタリが栽培されている写真を発見した。我々の捜査はこれからも続く……のか？

（池間洋）

オ〜TV〜！

チミは小学生特有の流行り言葉に「オ〜TV〜！」があったことを知っているか？沖縄全土で流行っていたかは定かではないが、とにかく俺の学校では使っていた言葉だ。もちろん語源は「OTV」の引用なのだが、意味としてはビビった時に使った。元々ウチナーンチュがビビった時に言う「オ〜！しかんだぁ〜！」を面白くしたかった小学生の苦肉の作だったんだろうけど、実際本当に不意打ちでビビった時に「オ〜TV〜！」と流暢に言える余裕は当然小学生にはなく、使い勝手の悪い「オ〜TV〜！」時代はあっさりと姿を消すのであった……。ポスト「はぁ？ぷぅ？」にはなれなかった悲しき流行り言葉である。

（友寄司）

→「はあ？」「ぷう？」

オープンカフェ

最近の沖縄、雨後の竹の子のごとくカフェが乱立中で、国際通り近辺や新都心、そこかしこで紳士淑女が焼きたてのスコーンやケーキと共に香り芳醇なティーやコーヒーを楽しんでいる。そこで、ちょっと待ったウチナーンチュのお茶受けはサーターアンダギーでしょう、と一人憤ってみるのも野暮な話だ。

しかし、である。どうしても一言言っておきたいのがオープンカフェで、あれは元々風がなく虫も少ない都会だからこそ成り立つカフェの形態だったはずだ。ところが沖縄、年中強風が吹きっさらしゴキブリも巨大。「外お茶」は確かに「気分」だが、果たして色んなものを犠牲にしているのは間違いない。中には、高台でやたら風が強い場にオープンカフェスペースを構える、という大胆不敵な店もある。多分沖縄一「髪のセットが乱れるカフェ」だろう。加えてコーヒーが冷める速度も沖縄一。だから言っちゃえばデートにはまるで向かない店だが、そのチャレンジ精神は、きっと評価に値する。（カリイ）

沖善社

画面いっぱいに色とりどりの花が広がり、琉装すがたの女性が花の中に横たわっている。初めて見たとき、「なんと色鮮やかな！」と思わずテレビに近づいてしまった。「何のCMだ？」と思っていたら、あのセリフが―。「お化粧、忘れていたさ〜」。ドッカーン！　なんだ！　葬祭会社のCMじゃないか！　あの色ちんどんはやりすぎじゃないかと思いながらもふと考えた。「沖縄の県民性がよく表れているね〜」と。沖縄の人々は、死者を手厚く供養する風習をたくさん持っている。盛大にとり行われる旧正月、旧盆、清明などなど。お墓やトートーメーの前で、ウートートーしている人なら、「お化粧、忘れていたさ〜」の気持ちがわかるかもしれない。最近では、ここまで華々しくはないけれど、祖先崇拝者の心をくすぐるような葬祭会社のCMが増えているのも気になるところ。（友利祐子）

沖展

今年で55回開催、言わずと知れた県内最大の美術イベントである。毎年3月中旬から4月上旬にかけて開催される。多分40回目から浦添市に誘致、現在のスタイルになったのかな？（間違ってたらゴメンなさい）。絵画、版画、彫刻、デザイン、書道、写真、工芸の分野の優秀で粋な作品を一つの場所に結集させるという、なんともビックリなイベント。たくさんあるのでみんなが楽しめるし、芸術って？という人も、この時期ばかりは沖展に出かけて行く。

©Tsukasa.Tomoyose
スゲーゼ！
クッ

沖展って気取ってないんだよね、体育館だし。入り口でビニールを配って靴をいれるのも、小さい頃に戻った気がして妙にワクワクするのさ。公民館でのアニメ上映会とか思い出しちゃうのね。余談だけど、沖展同様、大きなイベント「りゅうせき」の復活を希望。って誰に対して言えばよいの？

（ナカ☆ハジメ）

おきでんのピークちゃん

週末の深夜、映画を見ているとこのCMを必ず見る。「おきでんのピークちゃんです」と、豆電球みたいなキャラクターが登場して、深夜電力についてけなげに説明する。（何度も見てきたのだけれど、未だに意味が理解できない）

ほかに、おきでんのCMでインパクトが強いのは「電気温水器」のCM。これまた深夜によく見る。色とりどりの電気温水器のみなさんがひな壇にならび、自慢の美声を披露する。

「お湯、お湯、お湯、お湯～、電気温水器！火を使わないから～安心安心　深夜電力契約で～　お得～お得～お得～　なぁ～んと昼間の～　1／3、1／3～　お湯お湯お湯～　電気温水器！（遠くで指笛の音）」。

アニメーション以外にも、アコースティックCMによる英語版「てぃんさぐぬ花」が印象的なCMがあった。最近では、アステルのCMでうちなー芝居の女王、仲田幸子を起用するなど、ローカル色がますます強くなっている。

（友利祐子）

おきなわあの店この店

お昼のワイドショーを見て、ボーっとしているころに始まるこの番組。動く映像がまったくないローカルCMの典型的なパターン。軽快なピアノの調べをバックミュージックに、いくつかのお店が紹介される。「おきなわあの店この店」という番組タイトルなのに、よく見ていると沖縄市周辺が中心になっているのが笑える。特にインパクト大なのが、写真館「第一スタヂオ」の紹介だ。100日写真や七五三ショットのオンパレード。しかも名前紹介つきで。無理やり着せられたと思われるフリフリのドレス姿で号泣ショットを披露されているぼーぼー、お父さんとお母さんは笑っているけど肝心のお子様がブスっとしているショットなど、ごくまれに爆笑ショットが織り交ぜられていることがあるので、要チェックだ。なかには金太郎の腹巻を着け、下はスッポンポン状態の男の子もいる。これはテレビ的にはOKなのだろうか? この子は大きくなって学校でからかわれないだろうか? 成人になり、人生の晴れ舞台となる結婚式の時、思い出のビデオコーナーに内緒で上映され、辱められないだろうか…。

（友利祐子&大井直）

沖縄国際大学

通称「沖国」。宜野湾の普天間基地のすぐそばにある。2002年に開学30周年を迎えた。沖国の特徴といえば、「上等図書館」と「車を停められない駐車場」だ。1998年に新築されたばかりの図書館は、とっても上等。学生だけではなく、一般の人も利用できる。最近では、学生よりも一般の「公務員浪人中」の利用者の方が多いといううわさもある。そして、やっかいなのは駐車場。とにかく駐車スペースが少ないのだ。確実に駐車するために、午後の講義しかない日でもわざわざ午前中から学校に来る人もいた。講義開始時間ギリギリに駐車場に入ったら最後。駐車できるまで何度も何度もグルグル回る羽目になる。そして最後には「キーを差したまま縦列駐車」をしてしまう。AT車しか運転できない人の車の前に、MT車が縦列駐車されてしまったときのショック度は計り知れない。

（友利祐子）

温度差

近年は全国チェーン店の進出やモノレー

ル開発など、あまり内地との差がないように見えるが、やはり沖縄というのは離れ島であるがために、いろんな面で温度差を感じていました。私がこどもの頃、たった10年まえですが、こんなことが普通でした。

①週刊誌・マンガは3日以上遅れて入荷する。
②マフラー・オシャレ手袋は持っていない。というか着る自体勇気のいること。
③「～じゃん！」なんて言葉は意識して使わない。
④学校に長ズボン登校は禁止。
⑤懸賞に当たる確率が低い。

…という感じでした。まぁ⑤はただ人口的に他の都道府県に比べると少ないので、計算すると当たり前かもね。

今となれば、すごくあったり前になってきてるっスけどね！ 10年ってこんなにも離れ島を変化させるのねぇ。けども！ 温故知新精神でゆきたいと思います☆

（栄野比☆敬子）

沖縄こどもの国

中部のイナカーである私は、遠足っちゃーこどもの国、休日っちゃーこどもの国、初デートっちゃーこどもの国くらい、こどもの国な青春を送った。見どころはいろいろ。微動だにせず日なたぼっこする多数のワニ。ウンコを投げてくる猿。ニシキヘビや毒蛇がどっさりいる爬虫類館。遊園地は貸し切り状態で、サビサビになったジェットコースターでは必要以上にスリルを感じることができる。

私は一度、こどもの国でキリンが子どもを産むのを見たことがある。10年前、時代

先取りの立ち会い出産であった。お腹をふくらませたキリンが、痛みに耐えかねた様子で小屋から出てきた。こどもの国の狭い小屋では歩き回ることができないのだ。たくさんの来園者が、柵の周囲に集まってきた。子キリンの足がちょっとずつ出てくるのを、手に汗握り見守る。

1時間もたっただろうか。母キリンの足元に、ドサッ！と子キリンが産み出された。100人以上もいた観客が一斉に「おお〜」とどよめき、あちこちから拍手や指笛が聞こえた。私の近くにいたおじさんは「したいひゃー！」とガッツポーズ。私もいっぱい手をたたいた。こどもの国らしい、なんとも南国っぽい開放的な出来事だった。

こどもの国の経営が危ないとマスコミで伝えられるたびに、私はそっと胸を痛めている。園がなくなってしまえば、こんなステキな経験もできなくなってしまう。今後も頑張ってほしいと心から願っている。

ちなみに、こどもの国で飼われている雌のカバさんの名前はモモエ、ご主人である雄のカバはトモカズという。県外出張中のアミメキリン君に至っては、「テビチ」である。素晴らしいネーミングセンス。ますますこどもの国を応援したくなった。

（喜納えりか）

沖縄的自虐史観

復帰して30年ちょっぴんたったこの頃、見渡せば沖縄もずいぶん変わった。昔のようなきれいな海岸線は消え、赤土は流れ、海は埋め立てられる。沖縄の魂といわれる「しまくとぅば」を喋れないどころか、「うちなーやまとぐち」さえも理解不能になりつつある。米軍基地だってそのまま島の真ん中とその周辺に位置し、さらなる建設さえ予定されている。沖縄独自の文化が失われようとする今、うちなーんちゅよ、それでいいのか、それで、どんっ！ 激しく迫ると、「だって、日本だもん沖縄も」「日本人だもん、沖縄人も」「沖縄は日本からのお金がこないと大変さー」といちいち「沖縄も日本」といいわけする最近はやりの歴史観。こんな弱々しいこと言っていると、その日本にいる「沖縄フリーク」にさえ嫌われるかもしれないぞ。「そんな沖縄、しかんさー」って。ダジャレか。

（K・ぼねが）

沖縄電力

私の父は電力マン。おかげで我が家は電気一族です。ガスコンロは電気調理器、ボイラーではなく電気温水器。電話もなんとPHS（アステル）のみ！

「台風などの場合はヤバイんでないの？」と疑問を投げかけると、「大丈夫。停電は絶対無い」と言い切った父。しかしやっぱり停電するんだよな。そのとき料理していたら、父に見つからないようにカセットコンロにすかさず切り替えます。

家には固定電話もないので、連絡は全てPHS。役所・銀行などの手続きの場合、

「何故一人暮らしじゃないのにPHSだけなの?」と必ず聞かれます。父の故郷の久米島はPHSはつながらないにもかかわらず、彼はアステルを持ち続けるでしょう。娘の私は、スポーツなどでは県内外全ての電力会社選手を応援します。(よざみのり)
↓おきでんのピークちゃん

沖縄独立論

薩摩藩による、琉球王国侵略以来……から話すと長くなるので、ショート・カットしまして、西暦1990年代の沖縄居酒屋のカウンターでポンポンと肩を叩かれて振り向いたら、ある時は笑顔で、ある時は悲壮な手つきで、またある時は「沖縄も返せ」を景気よく唱いつつ、僕のそばにいた「沖縄独立論」さん。総じて酔っぱらい気味なのは仕方がない。沖縄は、独自の文化と歴史と政治的立場にあるはずだから、ホントはこんなはずじゃないだろう、いつの日か全ての恨みつらみ不平等条約的フェンス関係を清算し、独立したいのは山々だが、デフレにも関わらず何でか予算たっぷりの日米援助交際のもとで、なし崩し的に独り立ちというより、独りぼっちになってしまった「沖縄独立論」さん。なんでかなーとカウンター越しに声を掛けようとしたら、もう僕の席も空っぽだった。

　混みこみの沖縄居酒屋の有線から流れるのは、「琉球哀歌」と「ホワイトビーチ」。……沖縄独立の噂はここんところ聞かないけれど、こんなところで沖縄インディーズと出会うなんて、今日の泡盛は酔いが早くまわりそうだにゃー。(K・ぼねが)

沖縄の合衆国

北谷町宮城区は別名「沖縄の合衆国」と言われ、さまざまな地域からの寄留民が多く、また町面積の半分を軍用地が占めるため、町内転入者、本土出身者、外国人に出会う機会も多い。20年前にハンビー飛行場が返還されてからしばらくは広場だったのが、ハンビータウン、美浜ができて大きな変貌を遂げたのは周知の通りだろう。

現在の北谷町宮城海岸は素敵な所だ。美しい水平線と夕焼けと波の音。防波堤に思い思いに描かれた壁画。夕方には、仲のいいカップルや家族や犬、それぞれが散歩などしてゆっくりと過ごす光景が見られる。電灯がきれいに整備されているが、これは地域住民による運動の賜物である。思わず笑っちゃうくらいの労力を費やしナンパに励む車たちを見る機会が減ってしまったの

は少しつまらないが、住民運動を展開していた方々の姿は、私の心に今も刻まれている。宮城海岸の夕陽は日没直前は本当に美しいので、天気のいい日には足を運んでぜひ車を降りて防波堤で波の音に包まれながら眺めてみてください。（H）

↓北谷のナンパ

沖縄のクラシック事情

沖縄の代表的なオーケストラは、学生オケを除いては三つある。

一つ目は、沖縄交響楽団。社会人で構成するアマチュア・フル編成楽団で、1956年創立と歴史も長い。アマオケの良さであるほのぼのとした雰囲気が漂う沖響は、恒例のメサイアや第九演奏会などで、県民に親しまれている。演奏会の打ち上げなどに行くと、朗々と歌い上げていた歌手やスマートに演奏していた団員が、めちゃめちゃウチナー訛りなのがおもしろい。

もう二つのオケは、プロオーケストラ。沖縄メモリアルオーケストラと琉球交響楽団だ。いずれも2000年春の結成。メモリアルは現在のところ、県内のバレエ団と共に華々しいステージ活動を展開している。琉響で華々しいといえば、やはり指揮者で琉響のミュージックアドバイザーの大友直人さん。指揮台の上で華麗に舞う、その貴公子の御姿を拝見するだけで、女性や美しいものが好きな皆さんにとっては、コンサート会場に足を運んだ甲斐があるというものだ。両オケのメンバーを見てみると、県芸の学生を中心とした同じような顔ぶれ。まあ、楽団自体のカラーは違うので、あまり気にしないでいただきたい。

沖縄では琉球の音楽、文化とクラシックの融合が試みられてきた。その中で、例えば芸大では、モーツァルトのオペラがウチナー口で演じられたりした。賛否両論あるようだが、新しい世界への試み、地域への歩みよりは、とても価値のあることだろう。それは、工工四と五線譜の相互交流。難しそうだが、成功したらおもしろそうだ。

また、昨今、学校教育においてポップスやジャズを積極的に取り入れる傾向がある。私はこれを「反クラシック体制」と勝手に呼んでいるが、これはクラシックを堅苦しい学校教育の亡霊から解き放つのに、一役買うのではないだろうか。

チャンプルー文化の沖縄で、クラシックも調理されるならば、あくまで美味しく、味わい豊かに調理されてほしいものだ。

（池間洋）

お

沖縄のこころ

「沖縄」なるものに……例えば「反戦・平和」「何もない豊かさ」「癒し」などなど……我が身を隠して、いや託して、問題隠し、いや問題提起する、マジック・ジャーナリズム的手法のひとつ。

こんなこと書いて殴られるかもしれんが、僕だってきっと共犯者に違いないのココロなのだ。100ヤード譲って、わからないでもないのだが、その「沖縄のこころ」が思いっきり形骸化している今（そうでしょう?）、「日本・アメリカの中の沖縄」としての問題をチュージューク指摘する視点、つまり「ポスト・コロニアル」な見方、いや「沖縄のこころ」的に言えば、「ポスト・沖縄のココロニアル」が求められているのだ。

それは、どこにある? ココニアル、そ

う沖縄の人それぞれの個々にあるのだ。なんちゃって……。

（新城和博）

沖縄ブーム

最近、「沖縄」について何か考えようとすると、「沖縄ブーム」についても考えざるを得ない。たとえば「癒しの島」幻想と、沖縄の自殺率の高さ。平均寿命1位からの大転落。たとえば増え続ける移住者と、いっこうに下がらない失業率。たとえば、たとえば、たとえば…。上げればきりがないが、「沖縄ブーム」という格子はいつもつきまとう。

食べ物、市場、島唄、すーじ小、オバァ、スローな暮らし。「ディープな沖縄」をはじめ、あるのかないのか分からない謎まで解明されて、「沖縄」はどんどん白日のもとにさらされているかのような昨今だが、ホントはいろんなものが見えづらくなっている気がするのである。

（喜納えりか）

おきなわマラソン

2003年の第11回おきなわマラソンは2月16日に行われた。毎年2月前半の日曜日に開催されているが、奇しくも2003年は十六日祭の日にばっちりぶつかってしまった。開催者も日を設定した後で「あいやー」と気付いたみたいだった。

なぜ「あいやー」なのかというと十六日祭は〝ぐそー（あの世）〟の正月で、家族親戚が墓前に集合して先祖供養をする日だからだ。先祖供養といってもみんなで重箱を囲んで楽しむピクニックのようなものだ（場所は「風そよぐ高原」とかじゃなくて墓地だけど）。昨年亡くなった方がいる場合には少し特別な意味も付加されるみたい。2003年はたまたま週末にあたったために、離島に向かう飛行機は臨時便が設定された上に満席。いわゆるUターンラッシュである。そんなわけでおきなわマラソンの参加者も例年より若干すくなかったそうだ。

「去年亡くなった人を十六日祭で供養できるのは今年だけだけど、おきなわマラソンは毎年あるからねー、キャンセルする人も多いはず」と会社のおじさんも言っていた。来賓のえらい人まで「十六日祭だから早く帰りたいなー」と言い出す始末。沖縄の文化的土壌にしみじみ感じ入った一日だった。

（太田有紀）

沖縄みやげ

ボクは沖縄出身だが埼玉に住んでいる。実家に戻る前に、沖縄のおみやげ何がいいですか?と周囲にとりあえず聞くことにしている。「何がおいしいですか?」と聞き返されることが大半だが、ちんすこう、サーターアンダギー、さとうきびなど具体的に言ってきてくれる人もいる。ちんすこうはフレーバーのついてないオーソドックスなやつね、とか、琉球絣の小物入れ、とか、泡盛の島唐辛子が漬かってるやつ（コーレーグースのことだ）、なんていうコアなリクエストを受けたこともある。その回答から、その人の沖縄習熟度が図れておもしろい。「ちんすこうなんておいしくないし、あのドーナツみたいのもいらないし、ほかのお菓子だって口にあわないのよねぇ」というツワモノもいた。彼女が今まで口にした沖縄みやげはことごとくおいしくなかったらしい。

沖縄限定もの（カールとかプリッツとか）は、たいていウケがいい。他の地域に比べて沖縄はそういう限定ものを出しているお菓子が多いので、そういうものを二・三見繕えば、会社に持っていくおみやげは充分間に合う。とかなんとか考えつつ、手帳にぎっしり並んだおみやげあげる人リストを見ながら国際通りを彷徨い歩き、通りを歩ききる頃には抱えきれないほどの紙袋を抱えて、バスに乗るのも一苦労する。空港の受付カウンターの前で、なんとか個数を減らそうと、おみやげを潰さないように気をつけながら大きいカバンに詰めていく。お願いします、と預かり所の台に載せると、8・6kg、という表示と、半ば苦笑い気味の担当員の笑顔が目に映る。

（いづみやすたか）

オキナワン・ボン・ダンス

ハワイには県出身移民の子孫がたくさん住んでいて、現地では「オキナワン」と呼ばれている。向こうにもオキナワンの青年団があり、メンバーたちは毎年6月あたりからエイサーの練習をはじめて、7月から9月半ばまで、という驚異的な長さで毎週踊り続ける。「こんなにずっと踊ってたら先祖も疲れるよね」とぼそっと言うメンバーもいたくらいだ。

青年団への参加年齢制限は原則として18〜37歳だが、「やる気があればいい」というのがモットーなので最年長49歳の男性も「ヤング・オキナワン」の一員として活動している。

ハワイのエイサーと沖縄のエイサーとの違いには驚くだろう。エイサーを披露する場所は、櫓が設置された寺院の中庭で、他にも内地の盆踊り2、3グループが一緒にやる。流れとしては盆踊りグループがまず踊って、日本の「夏」といった雰囲気を皆が感じ始めたころ、パーランクーの音がどこからか聞こえてくる。トリの「オキナワン・ボン・ダンス」（エイサーを向こうではそう呼んでいる）の登場だ。

獅子が入場し、ところ狭しと踊って会場を沸かせる。

獅子舞は子供達に大人気で、怖がりながらも駆け寄って触ったりお賽銭をあげたりする。獅子舞が一通り済むと、パーランクー隊と手踊り隊が出てきて、櫓を囲んで円になって踊り始める。飛び入り参加が自由なので全然踊り方が分からない人もどんどん円に入り始める。皆見よう見まねで踊りながら、笑顔で楽しんでいる。伝統的な沖縄のエイサーとはスタイルも大分違っているが、若者達のやる気に満ち溢れた顔と見ている人の楽しみ様は共通しているなあ、と実感した。

（山本成）

オバァブーム

2000年代初頭、映画「ナビィの恋」やNHK連続ドラマ「ちゅらさん」を契機に、全国的に巻き起こったブーム。その場合の「オバァ」とは、「激しい沖縄戦を生き抜き、貧しい戦後を乗り越え、立派に子や孫を育てた戦後沖縄の功労者。年をとった今でもたくましく、そしてかわいらしく生きている」が基本認識だ。オバァ関連本は百花繚乱の様相を呈し、新聞やテレビでも連日のように「元気なオバァ」が取り上げられていた。

そんな中、テレビのあるコーナーで「沖

縄にお住まいのこちらのオバァは、なんとこのお年になっても沖縄芝居を続けられているそうです。お元気ですごいですね」というような話題を取り上げていた。私はこの手の話に正直うんざりしていたので、片耳だけで聞いていて、「また元気なオバァの話か」程度にしか思わなかったのだが、チラリと画面を見て仰天した。そこに映っていたのは、誰であろう仲田幸子さんだったのである。とんでもないっすね、女王ですよ、喜劇の。ブームって怖い。

そしてもちろん、おばあたちに罪はない。

（志堅原リリア）

オホホ

沖縄の神々数々あれど、こんな間のぬけた名前は他に知らない。いたら教えてほしい。実は僕は生で見たことがないので、なんとも言えないのだが、写真や儀礼の観察記録からしても、このお方には十分にそそられるものがある。だって名前が「オホホ」。西表島星立の節祭りの中でミルク神とともに登場するのだが、役割は、行列の邪魔をするというもの。格好というと長靴に○×ひげに八の字眉毛。変である、オホホ。して、ちゃんと祭りの儀礼を執り行っている村人に、よりによって「金」を巻散らかしたりするのだ。お下品である、オホホ。しかもその間中、ずっと「おほほ、おほほ」と忍び笑いなんかしているのだ（見ていないので想像です）。その笑い方から「オホホ」という名前なんである。なんちゅー神様だ、オホホ。こうなりゃ、アハハ、イヒヒ、ウフフ、エヘヘなんて神様も登場して、5人揃って祭りに乗り込んでくることも考えられる。

しかし、村人はそんな邪魔に惑わされることなく、祭りの行列はちゃんと進行していくのである。つまり村人たちの団結心を表すためにやってきた神様なのだ。オホホは、オホホなりに、いろいろがんばっているわけだ。偉いぞ、オホホ。

八重山の祭りで登場する神々はミルク神を代表にして、ほぼ全て来訪神である。仮面をつけ、神衣装をつけて、島人に見える形で祭りに現れるのは、そのせいだ。村のオン（御嶽）に祀られている、島の根っこの神は、けして姿を現さない。つまり島の在来の神は、人の姿でもなく、誰にも見られることのない存在なのだ。一方、島の外からやって来たものたちは、神となり姿を現す。金巻き散らかして、島人の邪魔をするオホホだって、立派なもんだろう。現在の神々は、島の外からやってきてお金をバラまきつつ島にリゾート施設をつくったり、海の上に基地をつくろうとしたりする。オホホホホと、笑い声が聞こえるのは、多分僕の気のせいなんだろう。

（新城和博）

おもしろ高校生を探せ！

沖縄テレビ（8チャンネル）で10年前くらいにやっていたバラエティー。県内のあちこちの高校で、暇と元気を持て余していた高校生の「発表の場」でした。当時はダンス甲子園、最近ではハモネプ、やっぱり高校生は時代の主役。学校のいわゆる「笑わさー」やダンサー、芸達者やナイスキャラクターの登場でけっこう盛り上がった。

ちなみに私も糸満高校時代、番組に出しちゃいました応募ハガキ。来ちゃいました学校にテレビ。映っちゃいました私。お祭りでしたね。ブラウン管を遊び場にして楽しめたのはいい経験だったかも。後半は「おもしろ高校生同窓会」みたいな企画もあって、各校の出演者が集まったりもした。私の記憶が正しければ、その中に、今県内テレビやCMに出ている人がいたと思う。きっとこのおもしろ高校生で将来が決まってしまったのだね。私はどうだろ。目立ちたがりに拍車がかかったのは間違いないな。

スタジオで神経衰弱ゲームに挑戦、優勝賞金3万円をゲットした模様が県民の皆様の前に流れまくったのは私でした。誓ってやらせではありませんでした。賞金でローファーを買った覚えがあります。あと、知る人は知るニーニーズと、ティダカンパニーが司会進行していた。青春だったなー。

（岡部ルナ）

オリオンビール工場

県民誇りの県産品、オリオンビールを作っている工場。名護市東江にある。そのとなりにある小学校で幼少期を過ごした元児童たちの鼻の中に染み込んでいる香りがある。それは、ビールをつくるときに放出される、なんともいえない「香り」だ。ビールの原料であるホップを蒸留する作業のときに出るニオイらしい。小学校に入学して間もない頃、初めてあのニオイを嗅いだときの衝撃を今でも鮮明に覚えている。そう、それはきわめて「オナラ」のニオイに近いのだ。作るときはプーのニオイなのに、液体になったものをお父さんがおいしそうに飲んでいるのを見て、不思議に思っていた。運動会の練習中にプーンとニオウあの香り、掃除時間にかすかに感じるあの気配。オリオンビールのおいしさの裏には「小学生たちのニオイとの闘い」が隠れている。工場見学であの衝撃のにおいを体験したみなさん、あれぐらいで驚いてはいけませんよ〜。

(友利祐子)

オレンジレンジ来たる

フェンスやガードレールに張られている、長さ5メートルくらいの白い横断幕があるでしょ。筆文字で、イベントの日程とか、コーラやジュースのロゴマークとかが書かれている、あれ。「城みちるディナーショー」とか、「オヨネーズin北中城中央公民館」とか、いやホントにそんなのがあったわけじゃないんだけど、そんな微妙な塩梅の一枚。しかし、こんなのありました。豊見城・与根漁港に向かう道沿い、「オレンジレンジ　来たる!」。笑った。いまや日本のインディーズシーンでも一目置かれ、もうすぐメジャーデビューするバンドなのに。おいしいなぁ、オレンジレンジ。

(喜納えりか)

→横断幕文化

オレンジレンジ LIVE!
〜テレビズナイ
のワンマンライブ! たっぷり聴けます!
オレンジレンジの衝撃映像＋重大発表も…
り魅せます!
日時 2003
OPEN 16:30

小禄

小禄と聞いてほとんどの人が思い浮かべるのが、琉球ジャスコのある金城（かなぐすく）地区のことではないだろうか？　小禄在住歴が30年を余る者にとってそこは突然竹の子のように表れた町で、その前の姿は想像もつかないだろう。

1980年代半ば、フェンスで仕切られていた米軍の土地が返還され、開放地と呼ばれるようになった。皮肉にもフェンスで囲まれていることによって守られていた広大な緑（人工的ではあるが）があった。芝で覆われた起伏のある小高い丘や林や池のあるその開放された場所は、憩いの場所となり多くの者が訪れた。

池の中にはアメリカ人が放したと思われるグッピーやアメリカザリガニがいたが、小・中学生に乱獲され急激にその姿を消した。その後でパワーショベルなどの重機が入り、その広大な緑の残る開放地の土地を掘り返し、その土地の生き物たちをせん滅させた。

罪の意識を感じながらもグッピーやザリガニの乱獲に加わっていた中学生の俺は「これは運命だったんだ」と自分自身に言い訳をしてキッパリと納得した。

高校生になったころ、行き止まりだった今のゼネラル給油所のあるところが開けた。起伏のある土地を逆台形の形に切り開いた道で、両側には高いところで3メートルほどもある灰色の粘土質の急斜面の土壁がそびえていた。長く続く舗装前の道路の両サイドを、まるで豪雪地帯の除雪された雪のように灰色の土が覆っているのだ。壁の角度がちょうど良かったのか、その急斜面を駆け上がっているモトクロスバイクをよく見かけた。歩いて帰宅している時に、突然バイクが斜面を下ってきたのを見た友人が言った「ここ、少しマッド・マックスっぽいよな?」との一言に「うん、うん、俺もそう思う」と応えた。

　北谷とかとはまた違った、「意外な所に意外な良い店がある場所」という評価を聞く。町が開けていくのは良いことかもしれないし、最初に住んでいた人間が変わり行く町をどうこういうのはウザイだけだろう。しかし先日、出勤途中で、高架橋の上を開通真近のモノレールが試験運行していたのを眺めながら「小禄も変わったな～」とふと思った。沖縄には各地に俺と同じ感慨を持つ者がいるだろう。開発される前の天久新都心や泡瀬、北谷や名護を知る者もそんな感じだと思う。

　でも都市化した小禄も好き、そこが難しいところ。

（大城篤）

↓開放地

おんな売店

恩納村には「おんな売店」という名前の店がある。時折、恩納という地名を知らない観光客がアレコレ店員に聞いてくるのだが、もちろん「恩納売店」と書き、女性は売っていない。この「恩納売店」、配当という恒例行事があった。店の商品が客に無料で配られるのだ。区民はこの日とばかりに店に押しかけ、所定の金額に見合った商品を持ち帰った。狭い店内は人であふれ、ちょっとしたお祭り騒ぎだった。この行事はのちに廃止されたのだが、代わりに「売店カード」というポイント制度が導入された。500円お買いあげごとにポイントが1コつき、30コ集めると300〜225円の割引券になるのだ。ほかにも、掛け売り制度というものもある。店側がとりあえずお客さんに商品を引き渡しておき、その料金を後日、あらためて店を訪れたお客さんに対して請求するという商売のことだ。おんな売店では、その相手が個人の場合、恩納区民であることを条件として行っている。共同体意識のなせるわざだ。そのため、おんな売店には、会計の際、平然とした顔で、「今日はお金を持っていないからね」と宣言するお客さんが多数やってくる。

（當眞嗣朗）

か

海中公園

やんばるの小学生だった私。お父さんとのデートスポットは海中公園だった。プー

ルとすべり台、そしてカブトガニ。海洋博公園に並ぶ、やんばる住民にとっての近場にあるちいさい遊園地。プールでさんざん泳いで帰ってきた夕暮れ時、テレビで「波の上レジャープール」のCMを見ながら、「勝てねぇ…」と思ったのを覚えている。敷地内には「海中展望塔」っぽい施設があって、建物の中にある階段を下りていくと、海中を泳ぐ魚をみることができた。観光客がよろこびそうなイメージだけれど、これが違うのだ。中はとても暗くて、ジメジメしていて、それはまるで映画「海底2万マイル」の世界を体験しているみたいで、とても怖かった。小学生のとき、遠足でその展望塔に行くと知ったときのショックは大きかった。それがいつのまにか閉園していて、その跡地にブセナテラスリゾートが建設された。

（友利祐子）

海中道路の向こうに

海中道路をひさしぶりに通ったら、海沿いにロードパークができていて、広い駐車場をズラリと車が埋めていた。整備された海中道路は気軽に訪れることができるスポットになったらしい。

かつて海中道路が片側一車線だったころ、風の日には車がグラグラに揺れ、上から激しく波が降ってきた。そのたびに、海中道路の向こうは離島だったことを思い出したのだ。今の海中道路はまるできれいな橋で、ここが海を分断して造られた道であることも感じにくくなってしまった。懐古趣味では全くないが、かつての島人たちは島ちゃびの解消と引き替えに名漁場を失った。現在、海中道路沿いに建てられた「海の駅」は、目の前の海で起こった闘いの歴史に口をとざしたまま、帆をあげてそびえている。

あやはしの向こうには、CTS基地とともに、いろんなものが見え隠れしている。

（志堅原リリア）

↓CTS

開放地

沖縄戦で米軍に強制収容された土地が、その後返還されたもの。今は新都心と呼ばれる天久開放地、ジャスコなどのさまざまな店舗が立ち並ぶ小禄・金城地域の開放地など、新しい街として生まれ変わっているところもある。

私が学生の頃、小禄ジャスコが立っていたあたりは荒れ果てた野山だった。池には誰が放したのかザリガニが繁殖し、丘では兄ちゃんたちがオフロードバイクをうぉんうぉん唸らせていた。

ある日、車の免許を取って間もない友人と共に開放地に乗り込んだ。草を分け入り、道無き道を進み、サバンナを走っている気分だった。「これ、まっすぐ行っても大丈夫？」友人に聞かれ「大丈夫、大丈夫！」と返事したのも束の間、車はがくんと大き

く前に揺れ、水しぶきが撥ねた。幅70センチ、深さ50センチくらいの溝に突っ込んでしまっていた。周りに人はいない。助けを求めて歩いていくと、山羊の草を刈っているおじさんがいた。「こんなところで何していたの～?」と不思議そうにしながらも、友人の車を軽貨物トラックで引っ張って出してくれたおじさんに感謝。その後、友人は私の「大丈夫!」は信じなくなった。

(比嘉辰子)

↓小禄

ガジャンクルサー

夕焼けに照らされて、アイツがやってくる。パラパラパラ…と高らかなファンファーレを響かせ、スモークをたきながらの登場だ。子供たちはキャーキャー言いながら、ヤツのあとを追いかける。大人は「アイツには近づくな」と怒るけど、スモークの中に飛び込んでいき、視界が真っ白になるのは楽しい。この煙は、ガジャンもイチコロのハードな殺虫剤。人もイチコロじゃなくてほんとによかった。主に中部あたりが活動範囲で、最近でも北谷やヤンバルあたりで現役バリバリだとか。そう、アイツはガジャンクルサー。アースまちゃー、ブーブーまちゃー、バタバターと呼ぶ地域もあるらしい。

（喜納えりか）

©Tsukasa.T

カチャーシークィーン

年に一度、校内でカチャーシー大会が行われていた小学生の頃、私はカチャーシークィーンだった。きっかけは、大会へ向けてクラスで練習をしている時の担任の一言。「恥ずかしがっていたら踊れない！　踊りは、手も足も顔も体の全部を使って！」。

その言葉をきっかけに私は水を得た魚のように、体の中から沸き上がるものを感じた。もう誰も止められない。その年のカチャーシー大会は、見事優勝。そしてその後も私のいるクラスは優勝し続けした。このままでは勝負にならないと、職員会議の議題にかけられ、従来のクラス賞にプラスして、個人賞を設ける事になった。それは私にとって小学校最後の大会で、もちろん個人賞は頂いたが、クラス賞はとれなかったので、複雑な気持ちだった。最近では、カチャーシーは踊る機会も無い。知人の結婚式で一人だけ本気をだしてもしらけてしまうし。しかし今でも気持ちは、無敵のカチャーシークィーンのままです。


（金城智恵美）

かちゅーゆ

「またか」と思われる人もいるでしょうが、何てったって「かちゅーゆ」である。マカイにかつお節を載せてやかんからお湯を注ぐ。ただそれだけの、オキナワン・ファースト・フード。風邪の時とか二日酔いの時に、大変重宝な一品である。沖縄県民にあまりにも身近な「かちゅーゆ」だが、実は大変なことが21世紀になって発見された。なんと「味噌」派と「醤油」派が、あるのだ。オウ、ショック！　こんなに広く沖縄の家庭で食されているというのに、味噌派と醤油派は、お互いにその存在を知らなかったのである。ちなみに僕は「味噌」であるが、「かちゅーゆに醤油」なんてはっきり言ってかんげーらん。

逆に醤油派の人は、味噌派のことを「それじゃあみそ汁とどう違うわけ」と吐き捨てる。僕はこの世紀の大発見以来、「かちゅーゆ」に潜む様々な謎の解明のため、昼夜を徹して調査した。東の飲み屋に行っては「あなたのかちゅーゆ、何味ですか」と聞き、西のPTA会合に出ては「醤油入れるって知っていた?」と話題を振りまき、そのたびにそりゃあ大変な騒ぎを巻き起こしたのである。あらたに「塩派」の存在も確認されたるに至って、事の重大さに僕は愕然とした。名称も、「かちゅーゆ」以外に、「やっかんみそ汁」（北部）「たち汁」（宮古）など、いくつかのバリエーションがあることも判明した。まだまだかちゅーゆの研究は続いている。僕の夢は将来「かちゅーゆ大全」という分厚い学術書を書くことです。ちなみに「かちゅーゆ」でインターネット検索すると、ほとんど僕の名前しか出てきません……。

（新城和博）

→くすい

家庭教師事情

大学生のおいしいバイトの一つ、家庭教師。この時給のよさは他のバイトではなかなか得られないでしょう。ヤマトゥンチュのおいらには、沖縄は特に家庭教師の需要が多い気がしてなりません。みなさん教育熱心です。おいらも、正に今思えばこの本の為に！と思えるほどの家庭教師を2人経験しました。それでは沖縄家庭教師物語はじまりはじまり〜。

★その壱★

むかしむかしある南部の村に中3の受験生（男）がおりました。彼は勉強が得意ではなく、特に英語は中1初期の段階からギブアップしている状態で、その様はいかに受験対策するか悩むほどでした。

「She understands English…シェー、ウンデルスタンズ…エングリッシュ…?」

ローマ字読み試験だったら確実に合格ですが、言語としての英語の試験では致命的(涙)。

とどめの一発がまたすごい。

おいら「You teach English…teachは何という意味か知ってる?」

彼「『ひとつ』やしぇ〜」

ティーチは「ひとつ」やしぇ♥
「教える」のことだよ!!
©Tsukasa Tomoyose

英語の勉強で方言がでてくるとは…。思わず我慢できずにおいらは笑い転げてしまいましたが、確かに彼の回答は間違っちゃいない。入学試験でウチナーグチという科目を作ってくれないでしょうかねぇ…そうしたら彼はウチナーンチュのプライド高々に生きていけると思うのですが。

★その弐★

むかしむかしある中部の住宅街に中3の受験生(男)がおりました。彼は勉強が得意ではなく、受験数週間前に身の危険を感じ家庭教師を始めたありさまでした。リーゼントに金のネックレスの彼と数十分(!)勉強したあと早々と休憩…。お母さんを前に世間話。

するとお母さんは「うちの子は勉強は嫌いですけど、遊びは徹底しているんですよ〜。ほら先生に見せてあげたら?」と彼に語りかけました。彼は「じゃあ」と少し得意げに襖の扉を開け放ちました。

するとそこに現れたのは…じゃんじゃじゃ～ん！「改造ママチャリ」。（おいら呆然）

すんごいのこのママチャリ。ハンドルは3メートルもあろう鉄パイプを曲げたものに変えられ、荷台からは鉄パイプが2本斜めに刺さっていて車体はペンキで装飾されていました。しかもラジカセ付き。

もうおいら、絶賛するしかありませんでした…。今思えば是非とも走行しているお姿を拝見したかったな～と思う今日この頃です。

さてこの受験生お2人、実は高校に進学したのかどうか消息不明でして、おいら的には「ウチナーグチの先生」「自転車屋」として頑張っていてくれたらと思っています。


（柚洞一央）

「かに」

最近車を走らせていて、非常に気になる看板がある。その看板はたいてい等間隔で電柱に張りつけられ、猛スピードで走っていても絶対目に入る。まるでサブリミナル効果のように。

「かに」「かに」「かに」「かに」「かに」「かに」「かに」…。

その中にそっと「日本海直送」などと書かれていているから油断できない。日本海ってどこの日本海よ、この看板の行き着く先でどんなかにが待っているのか。いろいろ考えて全く運転に集中できない。

そんな私を挑発するかのように、またもや運転中その看板は現れた。しかもうちの近所に！

いよいよきたかと緊張して車を走らせていると、その先に1台の車と、かにとおぼしき品を購入している女性がいるではないか。おおっと思ったが、私の後ろには車が数珠つなぎ、かにの正体を解明することはできなかった。

不思議度といえば21世紀のアイスクリンと言って差し支えないだろう。この暑い沖縄でなぜ…。謎は深まるばかりだ。

（おきか）

↓GUN

かぼっちゃマン

トオオー

黄金の平和を守るため、南の風にのってやって来た南風原生まれのオキナワンローカルヒーロー、かぼっちゃマン参上！

ウーマクー星人、お前の好き勝手にはさせないぞ……えっ？ ん？ な、何か変だ？ ウーマクー星人はどこへ行った？ チ、チビッコ達は……。

君は誰だ？ えっ、俺は誰かって？ 俺を知らないのか？

知らないのなら教えてやろう。俺は沖縄本島南部、南風原町を拠点に活動している地域限定ヒーロー、黄金戦隊かぼっちゃマンだ。

大地のパワーをたくさんにうけたかぼちゃの化身、かぼっちゃマン。

そして俺と一緒に戦っている仲間。

きりり輝く大地の花、ストレリチアの花の化身、ストレッチャーマン。

大地に舞い降りた天女の化身、清く正しいかすり模様、かすり姫。

そして俺の師匠、黄金森に住む黄金大主だ。

俺たち黄金戦隊は、宇宙の彼方からこの地球を征服しにやって来た、ウーマクー星人とその手下ウー軍団から沖縄の子供たちを守るために日夜がんばっているのだ。

俺が子供たちの前に現れたのは1999年の11月、はえばるふるさと博覧会だった。最初の年、子供たちの前に現れると決めたときは、みんながどんな反応をするのか心配だった。子供たちは見に来てくれるだろうか？　怖がらないだろうか？　受け入れてくれるのか？

だがそんな心配は無駄だった、子供たちは初めて見る俺たちを、純粋な心と真直ぐな目で見つめ、そして大きな声で名前を呼んで応援してくれた。

「かぼっちゃマン、がんばれー」ってね。

ショーの後では、小さな手をめいっぱい伸ばして、握手を求めてくれた。あの日のあの瞬間のことは今でも忘れない、たくさんの子供たちの小さな手をにぎりしめながら、涙が出そうになるのを必死にこらえたことを、俺は絶対に忘れない。

そんな子供たちと触れ合ったとき、俺たち黄金戦隊は決めたんだ。この子供たちの未来のためにもがんばろうとね。

そんな「黄金戦隊かぼっちゃマン」も今年で活動4年目だ、これまでにいろんな所へ出動した。地元の児童館や保育施設・色々なまつり会場・大型スーパーなどへの出動やテレビCMやラジオへの出演。そして俺たちと同じ志を持った、他県のローカルヒーロー達との交流で海を越え長崎にも出動した。

去年は沖縄に長崎県・平戸のひらどしマン、鹿児島県・種子島のタネガシマンを招いてローカルヒーローサミット開催も果たした。

どお? かぼっちゃマンのこと少しは解ってくれたかな? もっと詳しく知りたくなったら、今度は実際に会いに来てくれ、待っているぜ。

「かぼっちゃマン〜」

はっ! 聞こえる、何処かで俺の名を呼ぶ子供たちの声が、行かなければ。

最後にこれだけは伝えたい、決してテレビの中や僕らのような姿をしている者だけがヒーローではない。

ヒーロー、それは敬愛する人。

もしかしたら、すでに君も誰かのヒーローかもしれないぞ。

じゃ、またどこかで会おう。

トオオー

(かぼっちゃマン)

ヒーローは大学にだって来ちゃう

神谷千尋

民謡界の名門・神谷ファミリーの秘蔵っ子として、キャロットアイランド・津堅島から現れ、2003年、アルバム「美童しまうた」を発表した若手実力派民謡歌手。歌が素晴らしいのは言うまでもないのだが、彼女の魅力はステージでこそ発揮される。イキイキと楽しそうに歌い、カニさんを模した軽快な振りをつけ、客と目が合えばニッコリと笑いかける。彼女はこれを何のてらいもなく、大変さわやかにこなすのだ。私の中のおじさん心をわしづかみ。「目眉美らさ」「歯口ぬ白さ」などと評される「美童」とは、つまり「アイドル」ってことなんだと思う。

先日、彼女と話す機会に恵まれた。手にした三線ケースには、ヒステリックグラマーのステッカーが貼られている。おお、ロッカーみたいだぞ。「ふだん音楽は何を聞いてるの?」と尋ねると、彼女はニコニコと答えてくれた。

「……うーん、パンクとか、ヒップホップとか。あっ、MISIAも好きです!」

……はぁー、かわいい。（喜納えりか）

カメーカメー

「カメー」は、もうすぐ広辞苑にも登録されるほど、ポピュラーとなったウチナーグチである。沖縄のおばあさんといえば「カメーカメー攻撃」というイメージもつきまとう。でも目上の人には「ウサガミソーレー」と言わないと叱られるので要注意。

あるおばあちゃんのお宅に仕事で訪問した時のこと。食卓には、それこそ小学校の家庭訪問さながら、ずらりと食べ物が並んでいた。高齢で足も弱く、ゆとりはないはずなのにこんな…。

「あの、おかまいなく。仕事で来てますから」と丁重に断る。し・か・し「召し上がってください」と一途である。おかげで全く本題に近づけない。

なんでー？
カメーカメー
ムリムリ
もう食べれん!!
エンドレスに続く会話…

一つ、飲み物に手をつけた。すると本人が平静を取り戻し話を聞く態勢になった。あらためて用件を伝え、話がまとまり「帰ろうかな」…と思った瞬間！

「食べてください」と孫と同じ年頃の私たちに、こちらの胸が痛むほど頭を下げるのである。

「私たち給料もらってきているし、ダイエットしてますから、お気持ちだけ」と丁重に断った。

それではと袋に詰めはじめるではないか！「アイヤ〜…」と思った。

「また来ますね」と身支度を始めると「待って！」と慌てて袋を渡そうとする。転んだら大変である。一つずつ「ありがとうございます」と頂き「危ないから、ここでいいですから！」と頭を下げ玄関を出た。中から「待ちなさい、あんたたち！」と聞こえたが、ここで引き離して諦めさせなければ。あの足で追いかけてきたら危ないと二人でダッシュした。

　途中で振り向き、玄関を出ていないことを確認し、お土産の甘納豆とカステラとともに帰った。

　一途なおばあちゃんの「カメーカメー攻撃」には時々…ドキドキです。こんなことにならないように、あんまり、カメーカメー攻撃させないようにね。（H）

カリイ

　私事で恐縮だが、僕（この文章を書いてるヤツのことですよ）の名前は「カリイ」という。補足すれば名字でなくてファーストネームのほうで、漢字で書くと「嘉例」。沖縄方言で「縁起がいいこと、めでたいこと」という意味があり、乾杯の音頭で「カリー！」と使われたりする。

　で、初対面の方にはよく「カリイ？外人さんなの？」と尋ねられるが髪の色瞳の色好きなコーヒーすべてブラックの、生粋のウチナーンチュだ。ついでに眉毛も太い。

　僕はこの名前のせいで幼い頃から周囲によくからかわれた。新しいクラスメイトにはよく「お前の父ちゃん、カレーが大好きなんだな」とか言われた。内地で行った合コンでは隣の女の子に「カリン君？のど飴みたいだね！」とか言われた。うちのオバーには「だー、カリイぐゎー、ハイハイ学校行って来ようねぇ」とか言われた。いや、行くなよオバー。

　…ともかく、僕はその度に「いや、これは方言でさあ…」と説明する羽目となり、生まれてこの方ずっと、自分の名前の向こうに透けて見える「オキナワ」を意識してきたのだ。

　今から思うに、それが親父の狙いだったのかもしれない。「カリイ、ふるさとに愛着を持て」は酔った親父の口癖だったからだ。しかしだいたい自分は名前で苦労してないくせに勝手だ、と思う。こうなりゃ僕も将来息子に絶対変な名前つけてやるぞ、と思う。そうだ「トガイー」とかどうだ。しかも幼名は「牛若丸」にしてやれ、と思う。

　…こうして歪んだ親子関係は連鎖していくのだが、本当は親父に感謝しているのは、もちろんここだけの秘密だ。　（カリイ）

かりゆしウェア

夏になると、沖縄のオフィス街にはかりゆしウェアを着た人が増える。派手な柄の、半袖の開襟シャツが、かりゆしウェアだ。アロハシャツとの境界線がいまいちよくわからないが。沖縄サミット以来、観光業界以外の人にもすっかり定着した。最近は喪服としても使えるものが定着しつつあるが、「かりゆし」とは「めでたい」という意味だったような気がするが、いいのだろうか。

　制服として、みんなで決まったものを着ている会社もあるが、うちの会社ではみんな思い思いのかりゆしウェアを着る。涼しいかりゆしウェアはエアコンの設定温度を上げて、節電にもつながるのが利点のはずだが、あくまでも「かりゆしウェアを着てもいい」ということなので、スーツを着ている人のために設定は低いままであり、あまり意味がない。

　かりゆしウェアにスーツのスラックスを

合わせている人があまりにも多いと「や」系の事務所みたいである。私は紫のかりゆしウェアに白いパンタロンをあわせてサンダルで出社した時はずばり「ちんぴらみたい」と言われた。夏が過ぎて、ずっとかりゆしウェアを着ていた人がスーツに戻るのも、新たなときめきがあってまた良いものだ。むふ。鮮やかな花柄のシャツを着たビジネスマンが銀行で名刺交換したりしている風景は、他県の人には衝撃的かもしれないが、沖縄らしくて、とても好きな風習だ。

（太田有紀）

☆

　その人の社会的ステータスを見るには、人物を見ずにかりゆしを見よ！　琉球絣やミンサー織なぞ使用した逸品だと、それなりにお値段も張るので、「長」の付く肩書きを持つお方だ。対して安い海外産ウェアを着ているのは、ペーペーの若手サラリーマンである。会社でのヒエラルキーがズバリ表れる、恐ろしい服なのだ。

　サラリーマンといえばスーツ姿でコンクリートジャングルを闊歩する無機質なイメージがあるが、かりゆしウェアだとバリバリ仕事してても何となく能天気に見える。某県外大企業の沖縄支店長が、かりゆしウェアの快適さにカブれてしまい、本社（東

京）での会議にもかりゆしで出席したという。まあ当然上司に「お前は夏休みか！」と叱られたそうだが、彼は「これは正装ですよ！　知事も毎日着てるんだ！」と言い返してことなきを得たとか。

しかしかりゆしの浸透度たるや計り知れず、居酒屋で飲んでいてふと振り返ると、自分以外全員かりゆしウェアだった、という話を聞いたことがある。それはそれで、ホントにジャングルにいるみたいな光景だ。

（KGB&喜納えりか）

ガレッジセール

90年代、ニーニーズが東京お笑い界にあっさりと引導を渡されてからというもの、メジャーを指向した「沖縄お笑い」はなかなか根づかずにいた。

そんな中、現れたのがガレッジセールだ。沖縄を表に出さずに吉本興業で一定の地位を確保したとたん、急に沖縄まるだし方面に路線変更した。ドラマで共演した平良とみに「島の言葉や忘れてならんどー」とマジ切れされ、戸惑っていた2人の姿は遠い昔のようだ。

いつのまにか超人気コントとなった「シュリオネア」で「沖縄はハブさぁ」と2人が言うたびに、「待ってました！」とばかりに歓声が沸くのを見るにつけ、「沖縄お笑い」の東京進出はこういう形で成就したんだなぁ、と、妙な感慨を覚えてしまう。そういえば、「シュリオネア」って、どうもなんだか懐かしいなぁと思っていたら、そうだ、セットの規模はまったく違うけれど、ノリは「お笑いポーポー」のうちなーコントであった。

（志堅原リリア）

GUN

普天間基地の前で、一人の若者が電柱に落書きを始めた。スプレーを手に「軍軍軍軍軍軍……」。そして、不思議なことに、各地の米軍基地の前で同じ時刻に同じ落書きが発生したのである。キャンプ・キンザー前で「軍軍軍軍軍軍」、キャンプ・フォスター前で「ぐんぐんぐんぐんぐん」、キャンプ・コートニー前で「グングングングングン」キャンプ・シュワブ前で「GUNGUNGUNGUN」。その後、この落書きは各地で同時多発的に広がっていった。新都心の配電ボックス、海中道路の信号機の柱、北谷の防波堤など、県内のあちこちに。まるでサルの芋洗いのように。

（桐かなえ）

↓「かに」

幹部

いまどきの小学生は殴り合いのケンカもしなくなった。だから他人の痛みが分からず、カッとなるとやりすぎてしまうのだ、なんていうステレオタイプなくくり方もどうだろうと思うのだが、確かに僕が小中学生だった頃は、学校の中にまだバイオレンスの要素があったような気がする。だってこの世代、「はじめに言葉ありき」なんて言ってられない。もめ事はコブシでかたをつけるストレートな解決法。「昨日、プリマートで大謝名小の6年にかちめられてよ、でも2人死なしたさーやー」なんて会話も、教室の中でよく耳にしたものだ。

　で、そんなふうに各小中学校内部外部で抗争が繰り返されるうちに、「腕っぷしの強さ」をものさしにして、男たちの間でヒエラルキーというか順位というか、決まってくるじゃないですか。そうして決まった学校の「ケンカピラミッド」で頂点に立つ男は、果たして何と呼ばれるのだろうか。

　そこで「番長」を思い浮かべたあなた、うん、ふつうそう思いますよね？　しかし違うのだ。沖縄ではケンカで頂点を極めた男を、なぜか「幹部」と呼ぶのである。そう、ケンカ学校一の男に贈られる栄えある称号、それが「幹部」。三度のメシよりケンカ好き、それが「幹部」。オーエー上手でもOA機器はてんでダメ、それが「幹部」。もちろん、履歴書には書けないよね、それが「幹部」。

　この「幹部」という呼び方、県内でどれだけ流通していたのか定かではないが、僕の出身地・浦添ではみんな普通に使っていた。恐らく、「幹部」というコトバの響き、その重厚さ、ものものしさが「なんとなくカッコイイ！」と小中学生を魅了したに違いないのだが、考えてみると、トップが「幹部」なら僕らほかの生徒は普通に「団体職員」だよなあ。「…幹部同士がついに対決！」とか聞くと、商談決裂かよ、って話になるし。

（カリイ）

がんまり

ふざけていたずらすること。同義語に「わちゃく」があるが、わちゃくは相手がいなければできないのに対し、がんまりは自分ひとりでもできるのである。手持ちぶさたに紙とかをしつこく折ったり広げたりしていると、母ちゃんに「手ぃーがんまりして！」って怒られるでしょ。また、わちゃくは「いたずらしたい！」と内からわき上がる衝動でわちゃくをするのに対し、がんまりは知能犯的だ。がんまりをアホにした「フリがんまり」と「わちゃく」が、同じくらいのいたずら度って感じ。わちゃくさーとがんまらーが対決したら、友達がいないとダメなわちゃくさーの方がかわいい。がんまらーは、ちょっと孤独なニオイがする。

（喜納えりか）

↓わちゃく

き

基地内従業員専門学校

「県内で公務員と同等の待遇……」のキャッチフレーズが波紋を呼んだ「基地内従

業員専門学校」。

基地依存経済という甘くもヤッケーな構造は根深いし、知事が替わっても「県政不況」はいっこうに終わらない。そんな苦境があったとしても、フラーな沖縄はここにきて「越えてはいけない一線」を越えてしまったのだ。「占領軍の中で働き、タバコの1カートン2カートンを盗んで『戦果を上げた』と喜ぶとは、沖縄人のなんと愚かしいことよのう、ほっほっほっ」と発言したキャラウェイ高等弁務官も、基地で働くための専門学校までできたと知れば、高笑いが苦笑いに変わるのではないか。

世界規模で一人勝ちを続けつつも、神経症的に経済発展を目指し、二酸化炭素と武器をばらまいている。そんな米国から沖縄が外貨を獲得する手段として機能しているのが、基地内従業員なのである。さあ、みんなでドル獲得だ!……と思ったら、そのお金は、一人勝ちの米国を思いやるために、日本人である私たちのお財布から出たものなのでした。ちゃんちゃん。


（志堅原リリア）

宜野座高校

「出身は宜高です」

「あー、宜野湾高校？」

出身校を略して言ってしまうと、必ずといっていいほど間違われた、わが母校。今となっては、県内の高校野球でも強豪校のひとつに数えられるまでになった宜野座高校だが、私が高校生のころは全く弱かった。当時もっとも強かった沖縄水産に0対1で惜敗したことで、「県内で2番目に強い」という訳の分からない論理を持ち出してくるほどであった。それがまさか、春の選抜高校野球の「21世紀枠」なる妙ちきりんな特別措置によって、こうも有名になるとは…。2001年、宜野座ナインはベスト4まで勝ち進む快進撃をみせ、その名前を全国にとどろかせた。その後も、同年の夏、実力で勝ち取った夏の甲子園、そして2003年の春の選抜と、甲子園の常連校に名を連ねるまでになった。

　ここまで宜野座ナインを鍛え上げた監督の功績はあまりにも大きい。村上ショージに似ているだけじゃないと、私はにらんでいましたよ、先生。

（KGB）

キムタカ

　勝連城跡の眼下に広がる勝連町のキャッチフレーズは、「キムタカ」である。ご存じのこととは思うが「肝高」と記す。「勝連の阿麻和利　十百歳　ちよわれ（千年も勝連を治めよ）」とおもろにも唱われた、琉球史の反逆児・アマワリの拠点となった勝連城（かつれんぐすく）は、世界遺産にも登録されているアレだが、あんまり観光地化されることもなく、がんがらの石畳道を一の廓目指して昇れば、青く輝く海上に、東にCTS、南に中城湾湾埋め立て、そして直接は見えないけれども、米軍のブルービーチが眼下に広がっていて、アマワリの時代をしのばせる。

　その勝連城をモチーフにして、勝連町の教育委員会は、地域活動の一環として、地元の高校生たちをメインにオリジナルの新世代の組踊舞台を作り上げた。その仕掛け人の一人が、きむたかホール館長の平田太一だ。その彼から聞いた話。

「芝居のタイトルに『きむたか』といれ

るんだけど、告知したら必ず教育委員会に問い合わせが来るんですよ。『木村拓哉が出るんですか?』」

　一応沖縄県民たるもの、木村拓哉とアマワリの違いは、知っておいて損はない。

（新城和博）

9・11

　ビルに飛行機が突っ込むのを見た瞬間、「なんじゃこりゃ?」と思った。なにがなんだかわからないままその映像を見ながら、誰が? 何のために? どうして? と思う気持ちよりも、基地が密集している沖縄も、きっと標的になっていて、次に死ぬのはこの島で生きている私たちなんだと思った。すごく怖くなった私は、とりあえず枕元に大切な写真や携帯電話の充電器、メガネ、念のために預金通帳を置いてテレビを見続けていた。

　みんなが不安になっていたあの夜、沖縄には大きな台風が来ていて、外は激しい風と横殴りの大雨だった。テレビでは「沖縄の基地も警戒レベルが最高まで上げられた」というニュースが放送された。そのときも猛烈に雨と風が吹き荒れていた。きっとあの台風は、戦争から沖縄を守るために、グソーにいるおじいおばあたちが贈ってくれたものなんじゃないかな~と思っているのは私だけ?

（友利祐子）

キリ短の幽霊

「キリ短の近くに、超有名な幽霊スポッ

き

トがあって、絶対、誰にでも見えるんだって！　行ってみない？」。そんな誘いを受けた。大学生のころの話だ。マジで？　私は霊などまったく見えないし、その手の話も嫌いではない。見せるもんなら見せやがれ！　というワケのわからん勢いで行ってみることにした。

その夜、2人で現場に向かう。車はキリ短前から都パレスへ向かうあたりで、ふっと右折した。草むらをどんどん分け入り、ついに行き止まり、という辺りまで来た。キリ短のステキな校舎が見える、けっこう夜景のきれいな場所だ。へー、と思った次の瞬間、友人が叫んだ。

「出た――!!」

総毛立つとはあのことだった。塀の向こうから目だけを出してこちらをのぞく、まっしろな何かがいたのだ。声も出ず、ビビって固まっていると、大声を上げた当の友人がニヤニヤと笑っている。

「ふっふーん、びっくりしたでしょ？」

思い出しても腹が立つのだが、あー確かに幽霊はそこにいた。絶対、誰にでも見える。私はこの日のことを心に深くとどめ、以来、知らない友人を次々そこへ連れて行き、同じ目に遭わせまくったのである。

先日も、実に4年ぶりに、友人をおどろかすためにキリ短の幽霊に会いに行った。あのころのように、右折して細道に入る。

さて、どうやって見せよう…あれ、いない!?　なんと、あの幽霊はどこにもいなかったのである。

いろんな人を脅かしたあの幽霊も、ついに成仏したのである。ちょっぴん寂しかった私は、そう思うことにした。

（喜納えりか）

きんにかー

大学時代、那覇高出身の友人がこんな一言を発した。「あの男、きんにかーだよなー」。は？と思ったが、中部から出てきたばっかりのイナカもんの私。きっと何かすごいことを表す言葉かもしれない。聞いてみた。「き、きんにかーって何？」「ゴルフにｅｒをつけるとゴルファーで、人だろ。筋肉にｅｒつけたら、きんにかーさ」。うゎあ、なんかムズムズする。要するに筋肉質でガタイのいい人のことをそう言うらしいが、これを聞いた瞬間、ピチッと黒パンツをはいた筋骨隆々の男を想像してしまった。恥ずかしさで悶絶しそうだ。さらに聞けば、体格＋ｅｒで「たいかかー」ってのもあるそうだ。ああ、恥ずかしい。

（喜納えりか）

→くぱー

金武の鍾乳洞

お寺の境内に入り口がある金武の鍾乳洞は、金武の泡盛「龍」の古酒用貯蔵庫として有名である。古酒貯蔵や鍾乳洞の説明放送が聞け、通路も照明が灯されるように整備されている。境内では東屋も営業しており、ちょっとした観光スポットとして、県外からの観光客を案内するのにも恥ずかしくない場所となっている。ところが、俺が小・中学生だった十数年前までは、ほとんど手つかずで、訪れる人もあまりいない、さびれにさびれまくった場所であった。

　幼稚園のころ、遠足で鍾乳洞まで来たことがあった。

　入り口の急な階段をゆっくり下りていき、比較的広く天井も高い空洞で、引率の先生が話した。「ここは戦争中、みんなが避難してきた場所でね…」と、戦争時には避難壕だった歴史を説明した。初めての鍾乳洞、ほの暗い中での戦争の話。わくわくするような気持ちと不安がないまぜになった状態で通路を進んでいくと、「キャー」という叫び声が聞こえた。

　列は止まった。しばらくして、園児も騒ぎはじめたころ、先生が引き返すように伝えた。遠足は中止だ。

　みんな「鬼がいるってー」「一番最初の組がやられたってよー」と口にしながら、来た通路を戻っていった。

　今思えば、単に園児のだれかが転んでけがをしたため、遠足が中止になっただけなのかもしれない。しかし、鬼の噂を瞬時に生み落とした、鍾乳洞のあの暗い空気は、今でも忘れられないのである。（KGB）

く

クイーンストア

どうして私がこの店開いたのかって？

ある日突然こう言われたの。

「俺たち、もうだめかもな」「えっ。どういうこと?」「このままじゃお互いにやっていけないよ」「……他に、いるの?」「ばかっ、そんなんじゃないよ。……そろそろ違う道、歩いてもいいかなって」「わかったわ。『キング』がそういうなら、私も独立するわ」

というわけかどうか知らないけれど、地道に店舗展開していた「キングストア」のいくつかが、ほんとある日突然「クイーンストア」に変わったのである。

「A&W」の店舗が「JEF」になった、あの感じです。多分業界再編の裏側があるとは思いますが、キングからクイーンになったスーパー、気になるのです。

こういう個性的なスーパーは例えば、お昼の弁当の品揃えが各店舗ごとに違う。

メインのおかず以外はどれも一緒の「ゴーヤー弁当」「カラシナ弁当」「野菜炒め弁当」、どんぶり山盛りで力がこもる「イカスミ汁」「ゆしどうふ」「ナーベーラーンブシー」……。きっと各店舗ごとに「クイーン」が仕切っているに違いない。おーっほほほほっ。

(新城ゆう)

くさてぃ

沖縄の村々の立地は、集落が、山を背にして抱きかかえられるように広がるのが良し、とされている。村の背後にある山（森）を「くさてぃむい」という。

「くさてぃ」とは、例えれば、幼子を抱く母親のその姿勢だそうだ。「腰当」と漢字を当てる。祖先の眠る山が今生きている村人を守ってくれるというのが、くさてぃの考え方だ。全て安心しきって抱かれる子どもたちが、村の人々、つまり「我々」である。かつて沖縄で生きる快感は、このくさてぃの感覚、つまり「抱かれる心地よさ」だと思った。まどろみの中に静かな幼い夢を見続けること……。でもその夢を今の沖縄で見ることができるだろうか。「くさてぃむい」もとんどん消え去り、「海のゆりかご」であったイノーも埋め立てていく僕たちに、まどろむ時間はもうない。くさてぃも沖縄！　なんてねぇ……。

（K・ぼねが）

具志川

自分の住んでいる『具志川』は、パーマ屋ぁが異常に多かった。歩き5分もあれば5軒のパーマ屋ぁ&ダンパチャーに挨拶できるぐらいである。そして、その近所にある大好きな数々のお店。その中で一番印象深かったのが、釣り具用品を扱う店のガラス越しに見える、グニャムニャに動く沢山の糸ミミズ。下校途中にそのグニャムニャの糸ミミズを観察するのが日課だった。そして夏になると、スージミチーに煙をモクモクたてながらガジャンクルサーの車が現

れるのだった。

はっきり言って具志川は田舎だ。遊び場所なんて安慶名ぐらいなもんでマジで少ない。

畑やまちやー小に囲まれたそんな具志川でも、ビックアーティストの産まれた地であることを知っている人は結構少ない。その有名人とは、今もなお様々な世代に影響を与え人気がある沖縄の、いや日本最強兄弟グループ『フィンガー5』だ!! 今や上京し成功を収めている沖縄出身アーチストなんて珍しくないが、これ程のビッグ☆アーチストを生んだのは具志川だということをお忘れなく。

それだけではない、あのボクシング・チャンピオン『具志堅用高』の引退試合となってしまった最後のタイトル戦が行われた「具志川総合体育館」なんてのも、具志川にあるんだぞ!具志川はすごいんだ!!


（栄野比☆敬子）

苦渋の決断

沖縄独特の政治風土が生みだした用語。クジュウノケツダン。カタカナにしても沖縄の運命はナニも変わらなかった気がします。いったい何人の政治家がこのコトバを使っただろう。そして今、沖縄はグジュグジュノケツダンだ。

（K・ぼねが）

くすい

小さい頃、風邪を引いて熱を出すと、いろんな薬を飲ませられた。なかでも「熱覚ましのくすい（薬）だから」といって、父親がふーちばー（よもぎ）や、みみぐさ（ゆきのした）をすり鉢でつついて出した青汁は強烈だった。ただでさえ気持ち悪くてご飯も食べられないのに、湯呑茶碗に入ったそれは、緑と黒が混ざったような不気味な色で「とーとー、これ飲んだらくるざーたー食べてもいいよ〜」と言われても、辛いだけ。怒られるのが嫌で飲んでいたが、そのために風邪が回復したのかどうかはよくわからない。

　風邪で高熱が出ているときの食事はたいてい、おかゆと梅干にかちゅーゆーだったが、たまに『しんじむん』が出てくることがあった。ぐーやーぬじ、ればー、にんじん、ジャガイモ、にんにくの葉っぱや葱がこれに加わって、味噌で味付けしたもの。精をつけるためとはいえこれを食べるのも辛かった。大人になった今では自分で美味しく味付けして、風邪引いていなくても食べちゃうけどね。

（比嘉辰子）

→かちゅーゆ

くちゅくちゅ〜する

いわゆる、こちょこちょくすぐること。

父の実家のはす向かいに「くちゅくちゅおばあ」と呼ばれ、恐れられている子ども好きのおばあがいた。このおばあは、近所で子どもたちが遊んでいると、そこへやってきて子どもをくすぐって楽しむ。子どもは急にくすぐられて驚くが、なかなかおばあの手から逃れられない。おかしいけど苦しい、涙を流しながら息もぜぇぜぇしたころにようやくやめてもらえる。

　おばあの姿を見かけると、近所の子どもはみんな「くちゅくちゅ〜おばあがきた〜！」と逃げ出した。おばあは走り出す子どもの背中に「けっけっけっ」と高らかな笑い声を振りまいた。小学校高学年ぐらいからは、もうくちゅくちゅ〜されなくなった。このおばあはいつも元気で、ほんとうに歳をとっているのだろうかと思うほど、顔も姿も変わらなかった。私の祖父や祖母が他界した後、元気なおばあに会うと、小さい頃の自分に戻ったような気がして懐かしかったが、とうとう亡くなられた。おばあは天国でも子どもたちをくちゅくちゅ〜して笑わせているように思う。（比嘉辰子）

くぱー

ヤンバルでいう「筋肉質」のこと。PTAクラス対抗バレー大会でたまに見かけるマッスルな比嘉君のお父さんを見ながら、「えー、あれのお父さん、しにかん（超）くぱーだな！」とみんなで騒ぎあった。中学生になって、部活の練習で日に日にマッスルになっていく大城君をみて、「えー、あれの足見た？ しにかんくぱーしてきてる！」と女子のみんなでささやきあった。高校を卒業し、名護を離れて名護言葉を使わなくなっていたある日、久しぶりに弟と会ったら、「見てみー！ おれの足もくぱーしてきたぜ！」と得意気に言われた。

（友利祐子）

↓きんにかー、しにかん

久米島のデートスポット

久米島には、特にこれといったデートスポットがない。まず、映画館がないので、映画を見たあと楽しく食事……というコースが成り立たない。その食事をするにしても、デートで使えそうな店ってほとんど皆無。あるのは、ちょっと暗めな喫茶店だけ。あとはファミレスと小さい食堂。「カフェ」なんてオシャレなものは、この久米島には存在しないのよ！ まぁ、さすがにリゾートホテルに入れば、「ラウンジ」なんて、ちょっとエレガントな場所もありますけど。だからデートするんだったら、昼間より断然、夜！（えっ？ やることは決まってるんだから当たり前だって？）夜だったら、ちゃんとしたカクテルが飲めるバーも、1軒だけならある。でもそんなことより、久米島の場合は外ですよね、夜は。公園なんかいいですよ、星がすっごくよく見えるから。あとは、もう……ねっ。2人の世界のことだから、ちょっとここには書けない。ちなみに、僕の思い出の場所は、ホタルの里自然公園。あぁ、星がきれいな夜だったなぁー。あの夏に帰りたい。

（伊集盛也）

クラブハートキャッチTV

「OKINAWAクラブハートキャッチTV」というアクターズスクールの番組に当時高校生のボクはハマっていた。夕方の放送だった。「ダサイ番組だよな〜」と言いながらも欠かさず見ていた。何がダサイ？ 数え上げればキリがない。とぼけたセットに「オシャレ風」な連中が、島ナイチャーと化し、歌にトークにとレッスンの成果を披露する番組なのだ。ちゃんとMCなんぞいたりして。「夕やけニャンニャン」リスペクトヨロシク!!　かなり中央を意識していたね。番組開始当初はおニャン子メンバーもゲスト出演していたし、今思えば豪華じゃない?　確か、連続ドラマ(メンバー総動員)も作っていたけど、スゴイよ学園モノで恋愛モノ、BGMはオール・ユーミン!!　クセになる番組展開。視聴する友人ら(少人数)とは「きのう見た?」がおしゃべりの掴み。ダサイといいつつ、嫉妬していたのかな。彼らの、何かを模索する姿に…。

　その後、スクールからは安室奈美恵、MAX、SPEED、ダパンプetc…が誕生する。結果オーライってとこか。また見たいので再放送プリーズ!(ナカ☆ハジメ)

↓安室奈美恵

グランドオリオン

具志川まで 200km

　湾曲した大スクリーンと、840席余という県内最大の座席数を誇った洋画封切館。ハリウッドの大作を中心に、あまたの作品が銀幕を彩った。中でも「プラトーン」と「サボテン・ブラザース」の2本立ては戦争映画とコメディーによる空前絶後、複雑怪奇、一期一会の組み合わせとして、映画ファンに語り継がれている。

　〝2本〟立てといえば、売店で働いていた同級生のお母さんに「これおまけね」とホットドッグのソーセージをダブルでサービスしてもらったことがある。素晴らしき哉、2本の旨さ。食福、食福。

　スロープがなだらかな1階席では、前列に座高が高い人、姿勢のよすぎる人が座らぬよう祈りが捧げられた。急傾斜の2階席(別料金)はやや大きめの座席で、ちょっとしたプレミア感も。舞台の左右には、こけら落とし作品の「ピラミッド」に合わせてつくられたスフィンクスが、守り神のごとく鎮座。かつては県内唯一の70ミリ映写機も備え付けられていた。

1983年には事務所だった場所を改装し、オリオンシネマ2（後にグランドオリオン2と改称）が誕生。男子トイレの出入り口がなぜか劇場の内側にあるという不思議な構造に設計士の苦労がしのばれた。

那覇新都心のシネマQのオープンに伴い2002年9月、グランドオリオンは同い年の国映館と共に48年の歴史に終止符を打った。その後、改装・復活計画の発表もあったが、今のところ「話くゎっちー」のまま。どうなることやら。（タイラヒデキ）

↓国映館とグランドオリオン

クリントンハウス

沖縄サミット…。この沖縄あげての大イベント裏側では、サミット後の各首相訪問誘致合戦が県内各地で続いた。宮古島ではドイツのシュレーダー首相をドイツ文化村に招待。具志川市では、姉妹都市関係を持つロシアのプーチン大統領を招待。当時の米大統領クリントン氏を招待するために沖縄市は、嘉手納ゲート内に市民の血税を数千万円も使って、「クリントン広場」なる無用の長物を勢いとしか思えない発想で作ってしまった。結果は散々たるもので、クリントン氏は見向きもせずに帰国。残された広場はゲート内にあるため、市民が気軽に利用することもできず放置状態。税金の無駄使いについても放置状態。沖縄市民だった私は呆れてなにも言えなかった。

しかし税金ではなく私財を投げ打って招

待しようとした人がいた。カヌチャの某ホテル内にクリントン氏の生家を忠実に再現し、アメリカ映画でよく見る風の白い百葉箱のような住宅を建ててしまったのである。そして沖縄のテレビ・新聞はこぞって話題にした。しかし、願いは虚しくここも氏が訪れることはなかった。あれから2年が経ち、サミットの話題は風化した。先日、仕事でカヌチャの某ホテルに伺った。広い敷地内をカートに乗って走っていると、どこかで見覚えのある建物が！　それはまさしく、あのクリントンハウスだった。実物は意外と小さい造りだなぁという印象だった。しかし建物の前には「Kids Room」なるプレートが…。なんぞや？　同乗していたホテルの広報の方に「この建物はクリントンハウスですよね？」と訊いたとたん、雲行きが怪しくなった。まずいコトを聞いてしまったのか…。「あ〜っ、昔はそうでしたね、昔は…。今は…」と歯切れの悪い返事が返ってきた。でもちゃんとメンテナンスもされて、有効活用されているんだからクリントン広場よりずっといいと思うけどなぁ。

（大井直）

↓サミット、2000円札

け

ゲーム喫茶

これまで沖縄になかなかファミレスが根付かなかったのは、居酒屋とゲーム喫茶の存在が大きいからだ、とよく言われる。県民は普通に子供を連れて居酒屋に行くし、県内各地に多数存在するゲーム喫茶の食事メニューの充実ぶりと言ったら食堂顔負けで、カツ丼とかラーメンまであったりする。しかもたいてい24時間営業。これではファミレスが苦戦するのも道理の話だ。

さて、そんな県民の食生活の一端をになう両者だが、ここではゲーム喫茶、その恐るべきネーミングセンスに注目したい。みなさんの家の近所にもきっとあるでしょう、ゲーム喫茶。よく見てください。名前、おかしくないですか？　変ですよね？

とりあえず、百聞＜一見。出かけてみよう。

まずは国道58号、浦添市仲西。そこに喫茶「ハウステンボス」がある。ここで我々はいきなり長崎経由でオランダまで連れて行かれる。なぜ「ハウステンボス」なのか。沖縄なのに「ハウステンボス」。長崎でもないのに、「ハウステンボス」。そのミスマッチ。その不条理。

しかし、こんなのはまだ序の口なのである。
先に進みたい。

続いて我々は、那覇市泉崎ハーバービュー通りにやって来る。…出たー！　喫茶「サミット」！　世界各国の首脳のティータイムを夢想させるこの大胆不敵なネーミング！　こんなところにも九州・沖縄サミット効果！「サミット」店内ではさぞかし政治談義花咲いているに違いない。…いや、多分。

「サミット」を後にしてさらに進む。那覇市与儀からひめゆり通りを一路北へ。壷屋を抜け、安里の立体交差へ差し掛かる手前、そこでは流氷の天使が我々を出迎えてくれる。…そう、喫茶「クリオネ」だ。ていうか「クリオネ」て！　プランクトンだし！　透けてるし！　そして何で沖縄なのに「クリオネ」、沖

縄に生息してないのに「クリオネ」なんだっつの！　という矢継ぎ早のツッコミも、厚い流氷に閉ざされた海中には届かない。

そうして徒労を実感した我々がそのままバイパスを北上すると、いよいよ真打ちが登場する。那覇市真嘉比、興南高校の手前。…待ってました！　喫茶「ゴールデンシャワー」！　もう、何がすごいって、微妙にコメントしづらい点で、喫茶「ゴールデンシャワー」に勝る店はない。「黄金」の「シャワー」。ダメだ参った降参だ。カンベンしてください。僕って変態か？　いや、ホントカンベンしてください。

これら恐るべきネーミングセンスで我々をひきつけてやまないゲーム喫茶。その裏には各店主たちの、「喫茶店なら、横文字でオシャレな名前！」という前提の間違った解釈が見え隠れする。この際、狙ってやっているのかなんてどうでもいい。とりあえず我々は、明日もランチを食べに行くだけなのだから。

（カリイ）

ゲストハウス

一泊数千円で宿泊できるとあってか、最近、ここ沖縄にはドミトリー形式の宿泊施設が増えている。国際通り、パラダイス通り、そしてなぜか電柱通りにいたるまで、「○×荘　一泊素泊まり1500円　インターネット完備」という看板をいくつも見かける。その○×荘には、貧乏旅行のバックパッカーや風になりたい自由人など、流浪の民がひしめき合っているという。

ふと気になるのだが、ハーレーに乗っている人がみんな同じような格好をしているように、ゲストハウスにいる人って、そろって「ゲストハウス・スガイ（姿）」をしている気がする。ひょっとして、同じようなファッションセンスの人が自然に集まってくるのか。あるいは、宿泊客にはユニフォームが支給されるのだろうか。（桐かなえ）

結婚式の余興

沖縄で余興といえば迷いなく結婚式の余興だ。中でも注目は、友人や職場関係者による「創作生モノ余興」だ。会場の舞台を使い、生で演じるもので、踊りモノから鳴りモノ、演技モノ、ゲテモノと多種多様。下ネタに走りがちでもある。聞いた中で一番ひどいのが、新郎の友人が全裸になり、整髪料の「ムース」を股間に吹きかけてまわし代わりにし、相撲をとる「ムース相撲」である。演出内容から小道具まですべてオリジナルの手作り。連日徹夜は当たり前、決して妥協は許されない。余興の練習だというと、残業や接待飲み会は免除されるほど、周囲の期待も大きいのである。大ヒットし、その後、色々な披露宴へと継がれていくものも多い。

最近よく見られるようになったのが、

「特撮メディア余興」である。新郎・新婦のなれそめなどを映画やテレビのパロディ風にして撮影、会場で放映したり、新聞にして招待者に配布したりと、映像・新聞メディアを駆使した最新の余興である。業者にも頼めるが、親しい人たちが愛情こめて作り上げちゃうから、これまた面白い！　当日ゆっくりできるというメリットもある。さらに、当事者の新郎新婦が参加することもあるため、彼ら自身も「作り上げた！」感を得ることができる。

　余興は時代とともに内容・形は変化するであろうが、新郎新婦の幸せを願う気持ちがある限り、余興はさらにパワーアップしていちゃびんど〜。

（海勢頭利江）

県産本

沖縄で作られた本のこと。県外の出版社が作った沖縄の本は「沖縄本」と区別されます。というわけで、この本も県産本です。

（喜納えりか）

県民投票

1996年9月、県内新聞社に一人のおばあさんから電話がかかってきた。

「私はずーっと基地反対、戦争反対と思っていたから、『反対』に○をつけてしまいました。いくさで死んだ家族や、子供や孫に申し訳ない。この票を箱から取り返せるかねー」

おばあさんは、そう涙ながらに訴えたという。その日は、全国で初の県民投票が沖縄で行われた日だった。

「日米地位協定の見直しと基地の整理・縮小に賛成か、反対か」

「日米地位協定の見直し」と「基地の整理・縮小」という異なるテーマをひとつにまとめた二重設問。賛成・反対の意味するものが逆になっているというクサさに加え、基地をとりまく利害関係が反映されたりもして、投票率は59・53%と低迷した。それでも、投票数に占める賛成票（つまり、基地『反対』票。ああ、ややこしい）は89%に達した。

県民投票で明らかにされたことは、ただひとつ。いまの日本においては、そんな投票の結果なんて、あの手この手で反故にされるってことだけだ。

（志堅原リリア）

→名護市民投票

こ

交換日記

中学の入学式、花道をくぐる女子新入生に熱い視線が注がれる。しかも、熱い視線を注いでいるのは上級生の男子、ではなく女子。それから、しばらくの間1年生の教室の前には、休み時間ごとにたくさんの女子上級生が集まる。「あわわ、リンチか?」と猫を被っておとなしくしていると、上級生が2人こちらへやって来た。「ねぇ、もう誰かと交換日記する約束した?」「あ、まだです」「じゃあ、交換日記やろう!」「あ、はい」。それから先輩との長い交換日記生活が始まるのだ。沖縄だけではないだろうか、上級生の、しかも同性! と交換日記をする歴史と伝統(?)があるのは。

日記は大抵4~5日に1回ペースで交わされ、日記の内容は恋話や日常生活のことが中心だ。高校生独得の丸丸丸文字で「今、理科の時間でぇ~す。あっ! 先生が見てるぅ。でぇじヤバイ!」

という具合に、主に授業中に書かれている。そして、先輩とは交換日記以外に、誕生日やクリスマス、バレンタイン!?にも必ずプレゼントを贈るならわしになっていた。だが、安心して頂きたいのはそれら全て後輩が一方的に贈っているのではなく、先輩からもその都度もらえる。そして、この交換日記の歴史と伝統は、一大イベント卒業式で、フィナーレを迎える。つまり、上級生は下級生と交換日記をすることで着々と1年もしくは2年かけて種まきをしゆっくり耕し、フィナーレの卒業式に備えるのである。かくいう私も上級生、下級生両方と交換日記をし交流を深めた1人なのだが、卒業式には高校生になった先輩が駆け付け、後輩からも花束をもらった。絶対に裏切らない信頼がそこにはあるのだ。

（玉城愛）

甲子園応援広告

春夏いずれも、高校野球の盛り上がりはすごい。わがまちの高校が甲子園へと出場しようもんなら、ますますヒートアップする。農協がウシを1頭まるまるプレゼントするなども、そうめずらしくない。

そんな盛り上がりを虎視眈々と狙うのが新聞社だ。「チバリヨー○○高校！」といったコピーの下に、百何十件もの細かい広告が収められているページが、甲子園の開幕日と、第1試合の日に掲載される。もちろん、代表校が勝ち進めば、掲載回数も増えていく。

県大会で優勝校が決定すると、すぐさま地元の企業、商店街をくまなく回る。少しでも遅れようものなら「あっさ、学校に寄付してお金残ってないサー」と断られてしまうのだ。

企業の社長や商店主をどれだけ輩出しているか。卒業生が、どれだけ甲子園に飢えているか。その相乗効果で、広告の集まりも異なってくる。また、旧一中、二中など、ハイソなお家柄の卒業生がいっぱいいそうな高校だとなおさらである。以前、那覇高が出場したときは相当な盛り上がりを見せた。一転、田舎の高校だと、コネなし、金なし、知名度なし。選挙に出たら落選確実な状況だ。それを考えると、ぜひとも首里高の野球部諸君には、いっそうの奮起を期待したいところである。常連校などは卒業生も慣れており、広告にも興味が薄れている。それが一転、初出場校となると、ありがたいことに自ら申し込んでくれる方もいる。

そんなやりとりの末、どうにかこうにかか開幕当日。無事に掲載された広告紙面を見てホッとするのもごく一瞬。代表校が負けるまで、コレの繰り返しである。（KGB）

「ゴーヤ」

もうこうなると、誰かの陰謀に違いない。何十年も前から「ゴーヤーは、ゴーヤーであって、『ゴーヤ』じゃない！」と、ことあるごとに言っているのに。

さらにはゴーヤーがゴーヤーマンのおかげですっかり全国区になったはずなのに。相変わらずゴーヤーは「ゴーヤ」とちび切られたまま、最近では全国新聞紙の広告とか、飛行場の広告などで、さらに大胆に使われている「沖縄産ゴーヤ」……。なんか「ー」が一つつかないだけで、なんかムズムズーしてくる。

その昔、甲子園で定番だった「チバリヨー」の横断幕応援を「千葉寮」と発音する日本語アナウンサーに「はーや！」とつっこんでいた時代から、かたくなに語尾を伸ばさないヤマトゥンチュ問題が、21世紀にも持ち越されたのは、15年問題とともに遺憾である。その「チバリヨー」も最近はとうとう「チバリYO！」になってしまったのだが。

　ちなみに宮古ではゴーヤーのことは、「ゴーラ」と言います。　（新城和博）

国映館

1955年生まれの乙女座。国際通り中央に位置し、沖縄を代表する映画館のひとつとして戦後史にその名を刻む。「E．T．」が空を飛び、平成「ゴジラ」が吠え、「タイタニック」が沈んだ。古くは美空ひばりが沖縄初公演（56年）をしたのもここ。近くにあった山形屋のレストランからは、モスクのようなドームが見下ろせた。何でも東京の旧日比谷映画劇場を模した造りという。巷では、あのドームはプラネタリウムに違いないという噂も（渋谷東急文化会館か？）。

　80年代に入ると、地下のクラブを改装してシネマオスカー、2階席を分割して国映アカデミーがそれぞれ開館し、向かいのビルの地下にオープンしたシネアルテと併せて4スクリーン体制になった。国映館前のシェーキーズ（現ローソン）の食べ放題でピザを食いまくり、チーズ臭を漂わせながら映画を楽しむひとときは、当時の中高校生にとってまさに至福中の至福。チケット売り場前に伸びた白い日よけで紫外線の強さを推測し、看板を外す作業で台風の接近を知った。

　ミハマ7プレックスの登場で主役の座を明け渡し、シネマQへの統合でついに閉館の憂き目に遭った国映館。「タイタニック」

で最後の興行を飾ったが、スクリーンが閉まる時の盛大な拍手を忘れることはできない。

（タイラヒデキ）

国映館とグランドオリオン

2002年9月20日金曜日、那覇市内にあるふたつの映画館がその幕を閉じた。国際通りのほぼまん中あたりにある国映館は、1Fがメインの国映館、2Fは国映アカデミー、地下へ降りると100席程度のシネマオスカーと、三つの劇場で構成されている。

もうひとつは、三越よりももう少し安里より、グランドオリオンと書かれた看板のある路地を入った左手にある。ここも二つの劇場で構成されている。グランドオリオン1は、1F席と2F席があり、かなりの収容数をもつ。私のおすすめは2F席。人が少ないということもあるが、スクリーンとほぼ同じ目線で見られるということが何よりの魅力。また、スクリーン前の舞台には、2頭のスフィンクスが右と左の端に鎮座している。彼らは、今どうしているのだろう？

私は学生時代、那覇市内のこの映画館でアルバイトをしていた。とてもアットホームで居心地がよく、学校よりもまじめに通ったものである。

ゴールデンウィーク、お正月、夏休みなどの特日になるともうそこは戦場。大量のホットドッグやポップコーンの準備をしなければならず、いつもより2時間くらい出勤が早くなった。開場すると、どっと流れこむお客さん達。チケット売場と木戸（入り口のことね）では、押せや進めやの大賑わい。売店では、お菓子を買い求めるお客さんでごった返す。上映が始まるころにようやく客はサーッとひき、ほっとひと息つけるのである。しかし、アニメの場合は話が別。ちびっこたちは上映中でもトイレに行ったり、お菓子、ジュースを買いに出てくる。売店で今見ている映画の内容をことこまかに説明していく子供もいる。

　しかしそのにぎやかさも、7PLEXができてからは翳りを見せ始めた。7PLEXは駐車場もあって、やわらかいシートを備えている。かたや専用駐車場もなく、建物も古くなり、お世辞にも座り心地がいいとはいえない硬めのシート。これらが新しいものには劣ってしまったのであろう。

　しかし旧映画館では入れ替えもなく、何時間でも好きなだけ座っていられた。朝入場して、最終上映までいるお客さんもいた。沖縄市のゴヤオリオン、具志川市のシネマ具志川、那覇市では桜坂オリオン、シネアルテ、国映館、グランドオリオン。次々と姿を消していったこの映画館たち。お父さんお母さん達の世代が、スクリーンの中の俳優さん達に心躍らせた思い出の場所を心にとどめておいてほしいものである。（ちか）

コザ魂

　全盛期のコザを俺はリアルタイムで知らないのだが、コザの魅力はまだ死んでないと思う。何もないが、確かに「味」みたいなものがある。うまく説明できないのが悔しいが、コザは人柄で持っている様な気がします。

　その魅力の一つに、コザの人は誇り高く地元意識がデージあらい。「腐ってもコ

Orion
Gオリオン2
東宝
TOWA
BUENA VISTA INTERNATIONAL

グランドオリオ
20th
CENTURY
FOX
WARNER BROS PICTURES

ザ！」みたいなものがある。那覇の人に「あぁー、ナーファンチュー！　だめだめ、コザに来い、コザに」などと言う（目くそ鼻くそだけど）。

　100人いたら100人そうだとは言えないが、コザはテーファァーな人がかなり多い街だと俺は自信を持って宣言します！

　この間もクーラーの調子が悪く、修理屋を呼んだ。

「クーラーから水が漏れるんですよ」とその人に俺が言うと、「どんなやって？」と聞いてきた。

「後ろからチョンチョンって」と答えると、「キジムナーがな？」と、ヒージージラーで言われたとき、俺は何も返せなくて悔しかった。

　昔ながらのコザの建造物や文化と言われるものは、今のコザでは見る陰もないが、コザ魂みたいなものはまだ消えることなくコザンチュに根付いていると信じています。

（友寄司）

粉菓子

　今や沖縄のお菓子として一番人気なのは、やはり上間製菓の「甘梅一番」でしょうか？　けどね、自分的に沖縄産のお菓子で総合点1位のお菓子はなんといっても赤玉食品の「粉菓子」です！　あのパッケージイラストと色合いといい、味といい、思い出もプラスして1番です☆　当時10円（最近は20円）だった粉菓子。だいたい名刺サイズの袋にプリントされた赤と紺2色のねずみのイラスト。文字通りミルク味の粉が入っていてストロー付き。それをきんちゃく袋のように上部を輪ゴムをとめるといった愛くるしいスタイル。粉を吸う時油断するとむせるがそこはチビチビ吸うのがコツ。幼い頃こんなスタイルのお菓子にちょっとした抵抗があったのを覚えているがけっこうくせになってたなぁ。もちろん今でも好きよ☆（榮野比☆敬子）

コミュニティーラジオ

ここ数年の沖縄の大きな変化として私が感じるのが、相次ぐコミュニティーラジオ局の開局です。沖縄県内には現在、5つのコミュニティーラジオが放送されています。広くはない沖縄内で、それぞれの地域に根ざした番組を展開しているわけです。

以前、僕が担当していたラジオ番組で、放送中に突如、音声が途切れる、という事故が発生しました。機材トラブルのため、その間、一切音が放送されない、つまり無音状態が数分続くという、「放送事故」と呼ばれている状態になってしまったのです。あってはならないことですし、猛烈な苦情や叱責を受けても一生懸命頭を下げて平謝りに謝らざるをえないのが「放送事故」。それにもかかわらず、苦情が1件もなく（奇跡！）、そのほとんどが「だいじょーぶぅ？」とか「放送事故の演出なんて、命がけの笑いだねぇ」といった、非常に心温まる（？）ご意見ばかり頂戴いたしました。これって、もしかしたら、沖縄のコミュニティラジオ局だから許されたことなのでしょうか？　なのでしょうね。すみませんでした！　（安里）

→FMたまん、FMなは、FMチャンプラ、FM21

ゴム段

幼い頃に時間を忘れて夢中で遊んだ思い出は、おそらく誰の胸の中にも色あせない記憶となってそっと息づいているだろう。私が最も熱中した遊びは「ゴム段」だった。遊び方はいたってシンプル。〝一本につなぎ合わせたゴムを跳び越える〟たったこれだけのことに少女たちはなぜあれほどまでに熱中するのだろう。

少人数なら純粋に己の技術のみで勝負する個人戦で技を互いに磨き、大人数のときには団体戦で盛り上がる。団体戦の場合、2チームに分かれてチーム内で卵・子・親・中親・大親とメンバーの格付けをする。大相撲の番付でいえば前頭・関脇・大関・横綱を決めるのだ。卵や子は技術的に未熟なこのポジションで、大親は1番上手な子が務める重要な役回りだ。

★階級★

1段：地面　2段：足首　3段：ひざ　4段：パンツ　5段：腰
6段：おへそ　7段：胸　8段：脇　9段：肩　10段：あご
11段：目　12段：頭

どちらかというと「○段」は使わず、「昨日は肩で終わったから、今日はあごからね～」で通じていたように思う。ちなみにどちらかが最終段をクリアするまで続くこの遊びは、細切れの時間（5分～20分程度）で遊んでいることや参加人数が多かったりすると何日間かにまたがることもあるため、毎回「今度はどのチームの誰がどの段からね～」と確認したうえで遊び始めていた。

★跳躍方法★（右足が利き足の場合）
1段→目を閉じてけんけん（ゴムに触れたらアウト）
2・3段→目を開けてけんけん（ゴムに触れたらアウト）
3段→えっさ：『お猿のかご屋』に合わせ、リズミカルにゴムを足にかけたりほどいたりする。足は右・左・右・左と順番よく動かすが、互いの足を逆サイドに回したり、それをタイミング良くほどいたりする点が難易度が高いポイントである。
4段→右足で踏み切り両足で着地（ここからはゴムに触れてもよい）
5段以上→左足で踏み切り身体をターンさせながら右足・左足と跳び越える【＝丸跳び】
8段以上→右手の人差し指と中指でゴムを押し下げながら丸跳びする【＝押さえ丸跳び】
場合によっては跳び越えないものや足ではなく手を使うこともある。
7段以上→とんぼ：ゴムを胸に当て「と・ん・ぼ」と唱えながら腕を前方に3回ぐるぐる回し、ゴムを腕に巻きつける。胸にあるゴムを頭上から背中に回し、もう一度「と・ん・ぼ」と唱えながら腕を後方に回し、巻きついたゴムをほどく。卵や子が使えるアイテム。

★その他のルール★
●「試し」と「本番」
あまりクリアできたことのない段にチャレンジする際、「試し（あるいは安全試し）」と唱えるとその跳躍は練習扱いとなる。そのときの規定により使える回数が違う。「試し」のあとには「本番」とコールして跳躍に挑む。

●師弟制

「卵」や「子」は跳躍に失敗しても「大親」に代わりに跳んでもらうことでその段をクリアすることができる。大親は「『子』の分」「『卵』の分」とコールして跳ぶ。しかし、助けることができる回数には限りがあるため、助けるポイントを見極めることが重要な戦略となる。

※子どもの遊びは学校や学年、クラス単位でルールが微妙に違うということが大前提である。ちなみにここで述べたことについては昭和60年代前半に那覇市立城東小学校で適用されていたルールに基づく。

それにしても、あれほど毎日のように跳躍力を鍛えていた（本人たちに鍛えているという自覚はなかったが）というのに、中学校に進学したあと陸上部に入部して高跳びの選手を目指さなかったことが残念でならない。もしもゴム段部があったなら、きっと女子の人気が殺到するだろうし、私も迷うことなく入部しただろう。もしもインターハイやオリンピックの正式種目であったなら、きっと本気で選手を目指しただろう。

ゴム段に興じていた頃を振り返るたびに、少女の気持ちを思い出す。もしも願いが叶うなら、もう一度友人たちと集まってあの頃のように跳んでみたい。

（宮城由香利）

コンマー入る

拳でポカリとされ、痛みの〝目〟というか〝ツボ〟に、ストライクした時。

「あがーっ‼ コンマー入った!」と言うと、いいかんじです。同じコブシ系で「げんこつ」という意味の「めーごーさー」と違うのは、めーごーさーは「骨」感のあるドライな痛みなのに対し、コンマーは「肉」感があり、表面よりも中にクるのです。

（喜納えりか）

↓アンマー入ってる、1号線

さ

さぁ

堺正章ら、「ちゅらさん」でウチナーンチュを演じている役者がそろいもそろって

「今日は暑いさぁ」などと「さぁ」を連発していたのに違和感を感じた人は多かったと思う。私はふと、1980年代に放送された「裸の大将　沖縄編」を思い出していた。登場人物のつたないウチナーグチに、テレビ局には放送中から「ウチナーンチュはあんなして話さん！」との苦情が殺到したという。

「ちゅらさん」は再放送、再々放送と、うんざりするほど流され、あげくには続編「ちゅらさん2」まで作られたにもかかわらず、言葉がおかしいとNHK沖縄に苦情が殺到した話は聞かなかった。受信料不払者の多い沖縄への受信料対策だという、冗談交じりのホントっぽい話は聞こえてくるのだが。

いまや、鹿児島なら「ごわす」、広島なら「じゃけん」、大阪なら「やねん」と同じくらい、沖縄と言えば「さぁ」である。あげく、自ら「だいじょうぶさぁ〜沖縄」キャンペーンである。

「さぁ」の連発に違和感を感じながらも、「じゃあ、『さぁ』って言ってないの〜?」と聞かれれば「……言ってるなぁ」と思うわけで。その矛盾の仕方は、「じゃあ、沖縄は危ないの〜?」と問われたときに、「……日常生活を送る上では別に危ないこともないなぁ。ホントはだいじょうぶじゃない気もするんだけど」というのに似ている。

日々強化される「沖縄イメージ」。それに対する違和感を受け入れて消化し、逆利用している（つもりでいる、のか?）最近の沖縄をとても象徴しているのが「さぁ」なのだ。「さぁ」にもっともうんざりする理由が、そこにあるわけさぁ。

（喜納えりか）

サイレン

「ゥウアアアアアアアアアアアアアアアアアアアアアアアアアアァァァァァァァァァァァァァ………」

何事かと思われるだろう。僕の出身地・金武では、午前6時、正午、午後6時、9時の4回、役場に備え付けのサイレンから時報が鳴り響くのである。

なんだかんだで結構広い金武のまち。金武と並里の集落隅々にまでサイレンを響かせようと思ったら、必然的に大音響となる。家が役場から離れていればちょうどいい頃合いで聞こえるのだろうが、ウチのように直線距離で50メートル、間に障害物いっさいなしの環境だと、冒頭のように聞こえるのだ。

しかし人間の適応能力とは恐ろしいもので、金武にいたころは全然うるさく感じたことはなかった。午前6時のサイレンで起こされることも全くなく、夢の中。

ある夏休み、神奈川からいとこが遊びに来た。初めての沖縄。夕飯も食べ終え、同じ年頃のいとこ同士で楽しく遊んでいたら、いつのまにか午後9時。「ゥウアアアアアァァァァ………」が鳴り響いたのである。いとこは泣きました。あまりの恐ろしさに号泣しました。その時初めて、サイレンを時報代わりにしているのが特殊だということを知った。

いまは金武から引っ越し、すっかり那覇での暮らしに慣れてしまったので、たまに実家に帰ると、サイレンに「ビクゥッ」とビビってしまう。そして、「ああ、金武にいるんだなぁ」と実感するのである。

（KGB）

栄町

「…なに？ お前、ヒージャーを食ったことないのか。よし、食わせてやる」と、職場の上司に連れられて、栄町の山羊料理屋に行った時のことを話したい。そこは上司行きつけの店で、のれんをくぐるとカウンター越しに50代前半の細身のママ、ぼんやりとした白熱灯の照明、壁に貼られた演歌のポスター、と「昭和のニオイ」をぷんぷん漂わす、いかにもディープなスポットであった。

とりあえず、ヒージャー初体験の僕に、まず「ヒージャー汁」が供される。具は山羊の「ナカミ」。どっさり入ったフーチバーは臭み消し。一口啜る。独特の匂いが鼻腔を刺激する。正直抵抗がある。好きな人はこの匂いがたまらないというが、僕は苦手だ。傍らの上司は美味そうに食べているのだが。

するとそんな僕の微妙な表情を察したのかママが、「お兄さん、ヒージャーの刺身もあるけど」と2品目を出してくれる。これはいける。たっぷりのショウガのおかげでその独特の匂いも気にならず、なんだか「鰹のたたき」を連想させる味だ。ママは刺身をパクつく僕に気分を良くしたのか、続いて「じゃあ、これも食べる？ かなりの珍味だから」と、問題の三品目を出してきた。

さて、3品目。何やら黒い物体の細切れが、皿に盛られて出てくる。「これ、なんです？」と問うと、ママは「まあ食べなさいふふふ」と意味深に笑う。不安感あおるよなあ。恐る恐る箸でつまみ口に放り込むと、くにゅくにゅした食感が新鮮で、意外とうまい。

「うまいですねこれ！」と感嘆すると、ママはしてやったり顔で、「そう。でもそれナマコよ?…珍味でしょ?」と言った。…「ナマコ」!? うそ! 今僕が食べたの、白い砂浜の黒い異物、あの「ナマコ」なの?マジで?「本気」と書いてマジで?

そうしてパニックに陥る僕の正面、微笑みながら上半身を傾けてカウンター越しに皿を下げるママ。その時僕ははっきりと見てしまった。そう、4品目の「珍味」が、そこで満を持して登場したのだ。

（…ていうかママあなた、ノーブラじゃないですか!）

那覇市栄町、そこは珍味の町だ。

（カリイ）

桜坂

戦後、那覇の復興の中で生まれた繁華街。桜坂琉映からグランドオリオン通りに抜ける坂道に桜の木が植えられついた名称で、現在は近くの公園にその一部が残っているのみ。現在はネオンの花が咲いている。

私が桜坂に足を踏み入れてから十年余。その私から見ても、最近は、街のレトロな雰囲気が若い世代を中心に人気を集めているようで、ディープかつお洒落な店も目立ってきた。興味はあるが、やはりいつもの店に足が向かってしまう。

桜坂に通う人には、昼夜問わず、長い時間そこで過ごす人も多い。そこは眠らない街、そして、華麗なる多様な文化の居住地だ。

私が長年お世話になっている店のママさんは、以前はお兄さんだった。ある日、彼女が言った。「ねー、聞いてよ。この間ね、夜そこらへんを歩いてたら、後ろから声をかけられたの。怖くって『キャーッ、やめてー!』って悲鳴あげたら、むこうが『ギ

ャー！』って逃げていったのよ！　まったく失礼しちゃうわっ！」

桜坂での鉄則。声をかけるときは、あくまで紳士的にお誘いし抜く姿勢をみせること。例え、相手が自分の好みのタイプではないと知った時でも。

（池間洋）

桜坂シネコン琉映

なかなかの整形美人ぶりである。２００３年春、17年ぶりの大改装で座席、音響、売店、トイレ、ロビーなどが新しくなった。老朽化が進み、時代に取り残されていたが、一気に挽回。しかも米国かぶれのケバケバしいシネマコンプレックスにはない、映画館らしい雰囲気（売店のおばちゃんたちの存在を含めて）は健在だ。

たそがれた社交街にそびえ建つ勇姿は、過去と現在をつなぐ装置のようだ。ただしリニューアル記念で劇場前に植えた3本の桜が、すでに入り口の天井に届いているのは気掛かり。

もともとは1952年に沖縄芝居の劇場「珊瑚座」として誕生。翌年、桜坂琉映になった。86年に3スクリーンの桜坂シネコン琉映として生まれ変わった際、開南琉映の後釜として成人映画専門という役割が与えられたのは1階右のキリン館。

今はもうポルノがかかることはないが、教育関係者および一部父母から目の敵にされた成人映画の写真付き新聞広告が消えたのを、惜しむ殿方は少なくない。

（タイラヒデキ）

サタデーナイトはどーするべき？

FM沖縄で放送されている番組。川満しぇんしぇいと信ちゃんが大爆笑トークを繰り広げる。以前は「どーするべき？」のタイトルで日曜夜7時から放送されていたが、のちに土曜夜7時に放送時間を移動して「サタデーナイトはどーするべき？」に番組名を変更して放送している。

オープニングトークの後、昭和の香りがプンプン漂ってくる曲が流れてくる。レギュラーコーナーはどれも大爆笑。まわりの人々のおもしろ名言を紹介する「名言・珍言・失言3・6・5」、7時30分ごろの「スーパーディージェータイム」では「ジェケジェケー」を連発しながら、信ちゃんが南部なまりでムーディーな一曲を紹介する。そのあとの「ゆくしちゅくやーのニュースたーち、みーち」はまさにテレビ番組の「筑紫哲也のニュース23」をぱくったコーナー。「ゆくし」だらけのニュースが紹介され、そのあいだに流れる地元の保険会社のテレビCMをまねた「大道小学校」のCMを初めて聞いたときの衝撃が忘れられない。

特に人気のコーナーは「川満児童ブンガクワン（文学館）」。リスナーから寄せられた、児童生徒による作文を読み上げていく。ほぼ毎週、おもしろ作文のオンパレード。ごくたまに「横綱」が現れて、しぇんしぇいと信ちゃんが読み上げきれないほど大笑いしてしまうことも。レンタカーでルンルンドライブ中の観光客のみなさんが聞いたら、びっくりすること間違いなしの番組。実際、そういう時間帯だし、きっと意味がわからないままに大笑いしているかもしれない。いや、大笑いしてほしい。

（友利祐子）

さとうきびダンプカー

ここ沖縄では収穫時によく目にする「溢れんばかりのさとうきびを積んだダンプカー」はすっかり生活になじんだ光景ですね。しかし！　よく見てください！　ダンプカーなんて日頃でっかい岩や土を乗せてたりするじゃないですか？　すれ違うときなんて自分窓ガラス閉めますもん。排気ガス＆土ぼこりがすごいんでね。でも、さとうきびを乗せたダンプカーは違う！…かっこいい！　かっこ良すぎます！　輝いています！　もちろんさとうきびだって美しい！

そいでもって製糖工場の活気ある姿にほれぼれします。なんかみんな頑張ってるんだなぁという気持ちにさせてくれるのです。まぁ積みすぎでさとうきびを数本落としてしまうのは惜しいっすけどね。でもかっこよいっす！

県産品として有名すぎるさとうきびですが、畑に生えた姿やすでに黒砂糖に生まれ変わった姿以外にも、こんな一面もあるんですね。なんだかさとうきびかじってみたくなってきたところで原産地沖縄に感謝です。これからもかっこいい姿見せてください！

（榮野比☆敬子）

サミット

2000年夏、沖縄でサミットが開催された。なんで沖縄で開催されることになったのか、そんな基本的なことも理解できないうちに、謎の2000円札が発行され、島じゅうに警備網が張り巡らされた。

遠い国のえらい人が来ることよりも、巷では「大規模な交通規制」が話題になった。いつもどおりに目覚め、会社や学校へ行き、テレビを見れば近所の公園や体育館での国際交流が流れていた。テレビの中に見える光景は、どこか遠い場所で開催されている「まつり」のように見えて不思議な感じがした。同じ島のどこかで起きていることだということを実感できずに、いつのまにか「まつり」は消えて無くなっていた。そもそも、急逝した元首相の「沖縄への思いやり」で決定されたイベントなのであって、実際には沖縄県民が分け隔てなく得をしたわけでもなく、むしろ不自由な生活を強いられただけのような気がする。数年経ってやっと思い出せるのは、宙を舞うプーチン大統領と、額縁入りの2000円札を手にしたブレア首相の苦笑いだけだ。（友利祐子）

↓クリントンハウス、2000円札

サラバンジ

どことなく砂漠の風さえ感じさせる響きの言葉であるが、例えばこんな風におじーが使ったりする。

「ぃえー、なまからマシーン行ちゅんどー。ハルんいちゅなさしが、友小とあしびすんでぃ上等さー。なまが、サラバンジどー」

訳「さてと、今からスロット・マシーンに

行くよ。畑の仕事も忙しいけれど、友だちと一緒に遊ぶのも、いいもんだ。今が人生、真っ盛りだ」

つまり「サラバンジ」とは、絶好調な状態を表している。まっさらで、万事順調な感じ、言ってみれば、「エバー・グリーン」ということなのである。歳とってからより輝く言葉なので、僕は結構好きな言葉だ。

国際通りにある老舗のレコード屋「高良レコード」の自主レーベルである「クワッチー・レコーズ」が1999年に出したアルバムタイトル／ユニット名が「サラバンジ」だった。「クラブで聴ける沖縄の民謡」というコンセプトで、無国籍な打ち込みのクラブ・サウンドに伊是名島の神人のおばあさんが唱える古謡「てぃるくぐち」が重なる、かなり個性的で先駆的なアルバムである。

いにしえより今に伝わる島の謡こそが「サラバンジ」であると密やかに主張していた高良レコードのテーマは、「国際通りから世界へ」なのであった。（K・ぼねが）

↓R&B

サンエーカード

沖縄県民のスーパー、「サンエー」。そのサンエーで1998年に登場したのが「サンエーカード」だ。レジでお金を払うときにこのカードを提示すると、買い上げ200円につき1点もらえて、1000点になると、1000円のお買い物券がもらえる。ポイントがもらえるだけじゃなくて、「カード会員特別優待」を銘打ったセールが開催されたりと、何かとお得なこのカード。運転免許証所持者数よりこっちの所持者の方が多いと思う。

（友利祐子）

さんぴん茶

　沖縄伝統茶の一つとして知られるようになった「さんぴん茶」。しかし、ここまで県産品としてブランド化されメジャーになったのはここ数年のことだが、昔から沖縄で愛飲されていた茶である。私も食後には決まって飲む。といっても、個人的には、子どもの時から飲んでいた。近所のおばぁの家に遊びに行くと、熱ーいさんぴん茶が黒砂糖と一緒に出される。私はその時、「おばぁの匂いがする〜」と思って躊躇しながら少ししか飲めなかった。おばぁの家にあるさんぴん茶は、香りが強烈で、味が濃い。というか、渋い。茶色い食器棚の戸棚の中にそのさんぴん茶は決まった位置にあった。黄色い四角の缶の入れ物の中、乾燥したジャスミンの葉があるのだ。しかし、生産は日本ではない。缶にはっきりと記されてある。「中華人民共和国」と！　しかも、品名が「中国茶（ジャスミン茶）」だ。私はここに、琉球王朝時代に、貿易国として親交のあった中国との深い関わりをさんぴん茶にかい間見た気がするといっておこう（とっても大げさ?）

　黄色い缶のほかには、深いグリーンの缶もある。缶にはピンクのチョウチョが描かれている。

（下里真樹子）

し

しーかじゃー

日曜の昼下がり散歩していたら、路地で

遊ぶ子どもたちの声が聞こえてきました。

「えー、あそこは臭いよー。臭いよー。しーかじゃーするよー」

「しーかじゃー」の響きに思わず足をとめ、「将来に残したいうちなーぐち」に推薦したい衝動にかられました。ただ臭いんじゃない。「しー」ぬ「かじゃー」がするんだよねぇ。「海」の「匂い」ではなくて、「腐った酸っぱい」「臭い」である。「しーとーん」という時の、どこかしらノスタルジックな腐った加減が、よい。

　ぽかぽか陽射しのもと、セメントがひかれちまったすーじ小に立ちのぼる、まるで蜃気楼のような「しーかじゃー」をみのがさなかった子ども達に感謝して、その路地を通るのをやめたのでした。はごーさよ。


（玉本アキラ）

CTS

　君がもし今度の週末どこかドライブに行こうと思い立ったなら、与勝半島の海中道路を走ろう。一基10万キロリットルの石油タンクが立ち並ぶ平安座島と屋慶名を結ぶ全長約4・9キロの海中道路を、最低速度で走ろう。そして金武湾の潮騒に紛れ込む、復帰後沖縄のざわめきに耳を澄まして。オイルショック時に練られた国策として、また本土経済に追いつくための沖縄県の起爆剤として、米国石油資本の手でこの石油備蓄基地、通称CTSは作られた。その引き換えに海中道路は建設された。建設反対の激しい住民運動と幾度かの改修工事を経て、そこに広がる近代的で一見調和のとれた風景は、ようやく静かに車窓を彩る。発電所の煙突、石油タンク群、マリンスポーツに潮干狩り、上空を飛来する観光客を乗

せた旅客機と兵隊を乗せた米軍機、石油基地のネオンに照らされ愛を囁くカップル、どこまでも続く直線コースを愛してやまない暴走族。テロを警戒し（2003年5月現在）、幽霊すらもでるという、東海岸一のっぴきならないスポット。広大な基地返還跡地にチェーン店が建ち並ぶ天久の新都心と同じように、ここは沖縄の過去の決算が終わっていない、現在が剥き出しの、そして未来が託されている場所のひとつ。

（前嵩西一馬）→海中道路の向こうに

シェェーエッ！

俺のおばあが発する言葉。何語だろう……？　沖縄方言じゃ、ない…よねえ？　方言？　いや、ないだろう、こんな言葉は。

おそ松くんのイヤミのギャグ「シェー！」と言うときの発音とは、全く違う。そうではなくて、もっと憎悪に満ちている。イライラしたときに出てくる言葉だからだ。だから、「シェー！」のように、明るくはない。怖い。たとえば、こうだ。

おばあは、窓を閉めようとしたが閉まらなかった！「シェェーエッ！」

おばあは、テレビのリモコンがどこに行ったか分からなくなった！「シェェーエッ！」

おばあは、リモコンのボタンをあちこち押したが、見たいチャンネルには絶対変わらなかった！「シェェーエッ！」

おばあは、自分の作った料理がイメージ通りにできなくて、もう半分ヤケクソになってフライパンの中をグジャグジャにかき回しながら、「シェェーエッ！」

休んでくれ、おばあ……。

（伊集盛也）

仕送り

「そっちは食べるものあるねー？ 何か送らんといけないかねー」

どこから来るのかわからない妙な義務感を感じる母は、実家を離れて埼玉で一人暮らしをしているボクに電話をするたびにそう言って来た。

味オンチが幸いして沖縄との味付けの違いなんて全然気にならないので食べるものには困ってないんだけれど、となんとなくほのめかしてはみるものの、

「なんでー缶詰とかなんとかいろいろあるさー。スーパーで中味汁のパック売ってたよー。あれ温めるだけでいいんでしょー？」

と、宇宙からの絶対命令を受けている彼女は必死にセールストークしてくる。じゃぁそのパックとポークふたつずつくらいでいいよ、とやり過ごそうとしているボクを、

「なんでーそんだけで足りるのー？ あんたご飯ちゃんと食べてるねー？」

とさらに追加注文を取り付けようとする母の言葉が圧迫してくる。どれだけのノルマを抱えているのだろうか。

じゃぁそういうの適当に見繕ってよ、でもそんなにたくさんはいらないからね食べきれないから、と念を押して、ようやく彼女は電話を切ってくれるのだった。

1週間もたたないうちに、両手で抱えなければ持ちきれないほどの大きなダンボールが家に送られてきた。

ふたつでいい、と言ったはずのポークは少なくとも8個はあり、レトルトのパックはどうやら6種類くらい2パックずつ詰め込まれている模様。

他にも紅芋かりんとう2袋や4個入りマンゴープリン3袋、ボンカレーはちゃんと中辛と甘口3箱ずつ入っていた。

行商でもしろと？

その後かかってきた電話では、荷物が届いても電話をしないボクに腹が立った、という話をされた。無言の抵抗、とはさすがに考えが及ばなかったらしい。

一通り謝って、全然減ってないから今月はなにもいらないから、と伝えて今回は案外あっさり電話を終えた。ノルマを消化したからだろうか。

さらにその翌月。いつも電話かけてもらってばかりではさすがに印象悪すぎだろうと思いこちらから電話をかけてみた。

「なんねー？　なんか用事？」

いや特に何もないけど、最近連絡してないなーと思ってさー。

「あーそーねー　おかぁさん今日疲れてるから何にもないんだったら切るよー」

そう言って電話を切られた。

（いづみやすたか）

しかまち、かんぱち

驚いた時に使う言葉。地域によって、最後の「町」が変わってくる。

ちなみに那覇だと、「栄町」、沖縄市あたりだと「中の町」、そして、町のない糸満あたりでは「みーぱちぱち（目ぱちぱち）」と言うそうだ。こじつけにもほどがある……。あと、似たような言葉で「いんちき、はんちき、シーチキン」という、どうしようもないのもある。

（玉城愛）

してぃほーりー

沖縄の幼児虐待でもっとも多いのが、「ネグレクト」だそうです。つまり「育児・子育て放棄」のこと。子どものことを構わないで、捨てて放っておく、つまり「してぃほーりー」ってことなんでしょうか？　昔なら「もうこの子は、してぃほーりーしてたから、なんもしていないよ、忙しくて、いつのまにか成人してたね」なんて、してぃほーりー子育て自慢もできたん

©Tsukasa.T

でしょうが、もうそうも言ってられない社会環境になったのかもしれません。
それとも「ネグレクト」と「してぃほーりー」は、似ているようでどっか一つ線が引かれているのだろうか。そんな問題は難しくて、もう、うっちゃんなぎたい……。
してぃほーりーしても、子どもは子ども、強くたくましく自立精神旺盛に育つかどうかは、以前の血縁・地縁の結びつきだけではなくて、新たなる社会環境整備ができるかどうかにかかっていると思います。それでも、あくまでも「してぃほーりー」にこだわって、21世紀の新しい子育て理論のひとつとして確立するか。題して「一か八かの子育て　してぃほーりー&ブライト」。

（稲守幸美）

↓うっちゃんなぎる

しにかん

断言しておきたいことがある。名護市民は「デージ」を使わない。だから、例えば中南部出身の先生が「おまえら、デージだな」と言ったならば、「デージってよ。先生しにかん（デージとおんなじ意味）意味わからん〜」となってしまう。大学進学を期に中部文化圏で新生活を送り始めた18の春。抑揚の激しいイントネーションでおなじみの名護なまりでしゃべっていた私は、いきなり「名護出身でしょう?」と、まるでそれは高速道路を北上していくにつれ、見えてくる山々のような鋭い指摘を受けまくって、ちょっと落ち込んでいた。そんな私にさらに追い討ちをかけたのが、「デージだったぜ」「メッタおもしろかった」「アファーだな」「ヤーはチムイゼ」など、これまでは聞いたことのない方言が飛び交う友人との会話。いちいち説明してもらうのも、なんだか申し訳ないので、そのままにしていた。そのうち、なんとなくニュアンスがわかってきて、恥じらいながら「デージアファーだったー」なんて、使ってみちゃったりしていたけれども…。実は、今でも微妙にニュアンスがわからない言葉もあったりして。

（友利祐子）

↓でーじ

シネママキミナト

浦添市牧港にあったオリオン系のビデオシアター。「365日深夜興行」を掲げ、1985年7月にオープン。給油所に隣接し、1階に劇場、2階にトニーローマが入っていた。開館時は「日本一豪華な劇場用座席」をウリにしていたものの、いかんせんビデオ上映のため、画質はいまいち。一点豪華主義というか、アンバランスというか…。低コスト、省スペースのビデオシアターは新型の映画館として注目されたが、結局主流になれず、シネママキミナトもわずか5年間のはかない命だった。一脚10万円したという座席はその後、シネマパレットⅡで流用。往年の輝きは、すっかり色あせてしまった。

（タイラヒデキ）

島人ぬ宝

この歌をきいたことがない沖縄の子どもは、いないだろう。ビギンは今や県民的バンドである。小学校の運動会の入場行進で「オジー自慢のオリオンビール」が流れ、子どもたちは大合唱してビール乾杯の歌を歌い、「島人ぬ宝」でエイサーを踊るのである。

そのように常日頃からビギンに親しんでいる子どもたちから教えてもらって感動したことがある。「島人ぬ宝」のメロディで、「まっかなお鼻のトナカイさん」が歌えるのだ。さぁ、みなさんご一緒に。「まっかなーおはなのぉーとなかぁいさんはぁ」。ほら、歌えるでしょ！　トナカイさん、例年にましてちむいなー。今年のクリスマスが心に染みること請け合いです。

（新城和博）

清水アングヮーズ

平成15年、2月21日金曜日。僕は、清水アングヮーズの最終公演を見に行った。清水アングヮーズとは、「清水の娘たち」という意味で、僕の地元、久米島で8年ほど活動している、民謡を歌う女の子5人グループだ。2003年3月1日に久米島高校を卒業し、その後はメンバー5人とも島を出て、それぞれが新しい道に進むのだ。というわけで、この久米島の美人民謡ユニットもいよいよ解散しなければならず、今回の公演に、会場には多くのファンが詰めかけた。600部準備したパンフレットがすぐになくなった、と言っていたから、最低でも600人は来ている。とすると、久米島の人口の……6％は来てる計算になる！　今、久米島は9700人くらいだから、間違いないよ。これは大変な数字ですよ。プロの歌手が、CDでミリオンセラーを出したといっても、せいぜい、日本の人口の1％ですからね。それなのに彼女たちは、CDも出してないのに、プロのミリオンセラー歌手を6倍も上回る人気ぶりと来た！

さすが、小学4年生のときから活動しているだけはある。（伊集盛也）

週刊レキオ

1985年創刊の生活情報紙で、琉球新報の副読紙。または、お肌の曲がり角を過ぎた頃の私の春を欲しいままにした恋人。その頃の私は、レキオが配達される日には、遊びもそこそこに、そそくさと帰宅したものだ。レキオのどこがそれほどまで私を魅了したのか。「タブロイド版のスタイルがフィットしてスキ」というフェティッシュな嗜好とは別に、硬すぎず軟らかすぎず、物知りお兄さん的な視点で沖縄を切り取るスタンスが、私の心を捕らえたのであろう。

初代編集長の鈴木孝史さんによると、「琉球でも沖縄でもなくレキオとしたのは、今までにない視点で沖縄を伝えたかったから」。新聞でもバラエティ番組でも伝えられない沖縄の魅力が、レキオには詰まっているのね。（池間洋）

シュガーホール

沖縄に来たばかりの大学1年の夏。

「シュガーホールって、さとうきびでできるんだよ」

「うそだぁ、屋根はどうなってるのよー」

「葉っぱでわらぶきみたいにしてあるよ」

「じゃ、壁は?」

「さとうきびの絞りカスが繊維として混ぜてあるんだよ」

「えー、だってこの間コンサートもあった

じゃん」

「さとうきびの建物の方がよく響くんだって」

「えー、でもそんなの変だよ、絶対ウソだ」

「じゃ、何でシュガーホールって名前がつけてあるのさ」

「…本当?」

「だから言ってるでしょ!」

「へぇー、すごいね」

それから3年後…。

「ねぇ、シュガーホールってさとうきびでできてるんだよ。私もはじめはうそだと思ったけどさ、うそみたいなホントなんだよ」

「お前、バカか?」

「何言ってるの? 壁にさとうきびの絞りカスが活用されてるんだよ。屋根だって葉っぱだし。音もよく響くって…え…あれ?」

「…お前、騙されてるよ」

「だってシュガーホールって…」

「さとうきび畑の中にあるから」

「あ!」


（えみ）

ジュゴン

いやあ、どうにも最近の世の中は住みにくい。僕は、いつの間にか国の天然記念物とか、絶滅危惧種になってしまった。イルカやクジラと同じ海の哺乳類なんだけど、食べ物は海岸沿岸に生えている海草だけだから、赤土が流れてきたり、開発かなんかで海が埋め立てられると、もうおしまい。今はやんばると言われる北部にすんでいるんだけど、ここも米軍基地をつくることになった。真っ白な浜、見たこともない美しい色で輝いてどこまでも透明な海。絵の中にしかないと多くの人が思っているはずの景色がここにあるんだから見たら驚くよ。そのうちコンクリートでつぶされて、影も形もなくなって、ただの軍事演習場になるらしい。どんどん行き場がなくなるな。自分で言うのも何だけど、「ジュゴンがいる」というのは、その海が世界的に見て豊かで貴重な動かぬ証拠。2000年には世界自然保護の会議で、沖縄のジュゴンを守る勧告決議なんかもされて、昔は「人魚」とか「海の神の使い」とか言われていたのが、最近ではどうやら平和の使者にもなっているみたい。この看板はときどき重い。基地のことで肉親同士が分断される人間もいれば、そ知らぬ顔の人間もいる。さまざまな思惑が渦巻く。いつの間に、ジュゴンがいることが当たり前でなくなったのか。自然と人が一緒に生きていけなくなったのか。自然の豊かさというのが何にも替えられないと、海の中からなら分かるのに。自然環境、生活環境、社会環境、全部を壊す最大の環境破壊が戦争だと思い出せるのに。

ここにいたい、ずっといたい、そう願いを込めながら、時々人間の前に泳ぐことしかできないけれど。

(ジュゴン)

首里劇場

戦後の大衆娯楽の殿堂ともいえるノスタルジックな姿を今も残す館がある。周りには王朝文化の薫りを醸す歴史的建造物も多い古都、首里にある首里劇場だ。大通りを入ると、駐車スペースの後ろにそびえる赤瓦の建物、前面はコンクリートの壁があるが、その後は築50年以上の木造建築。戦後の混沌とした空気をそのまま残しているようだ。座席211席の内部の状況は、「昭和初期の町の映画館のロケーションが必要な時、通路にあるコカ・コーラの自動販売機を移動するだけでそのまま撮影に使える」。

2代目の経営者である金城政則さん(48)は「昭和26年10月、私の父が、首里村にもみんなが楽しめる娯楽が必要だと考え、創業した。当時は映画の他にも仲田幸子のでいご座などの沖縄芝居も上演していた」という。政則さんは「他の映画館が廃業するのは少し寂しい思いもするが別に感慨はない。今は朝から晩まで映画館の為に生きている」という。首里の中にあり、ポルノを上映する映画館を快く思わない意見もあるというが、映画館の生き残る道としてはごく自然なことだ。親子で50年切り盛りしてきた首里劇場。この映画館は彼らの人生そのものと言っても過言ではない。

建物を出て車に乗り込み、ふと映画館を見上げてみた。夕焼けの太陽が赤みを帯びたコンクリートと赤瓦をさらに色濃く浮かび上がらせていた。政則さんが言った「朝から晩まで映画館の為に生きている」という言葉の重みが少し理解できたような気がした。

（大城あつし）

首里劇場

首里文化祭

首里に生まれ育った私にとって、毎年文化の日に開催される「首里文化祭」は肝わさわさーする行事だ。「首里城祭」と同じ時期に開催されるが似て非なるもの。「首里城祭」といえば〝琉球王朝絵巻〟と呼ばれる荘厳な古式行列が思い浮かぶだろう。立派な観光イベントといえる。一方、「首里文化祭」は地域のお祭りである。子ども会や婦人会が華やかに踊り、青年会が勇壮な旗頭や獅子舞を披露する。通りでは音楽やドラの音が耳に入り、「さーさーさー」のかけ声が気持ちを高ぶらせる。祭りを締めるのは龍潭池の仕掛け花火。〝ナイアガラ〟に火がつくとわあっと歓声が上がり、池に放たれるいくつもの光の帯が水面を照らす…。

10月半ばを過ぎ、夕暮れ時に少し肌寒さを感じるようになる頃、山川交差点と鳥堀交差点を結ぶ県道29号線の両サイドにはちょうちんが灯る。山川から首里高校前、首里城公園入口までの道はゆるいカーブを描き、ちょうちんの暖かい色が幾重にも重なる。そこを過ぎると満々と水をたたえた龍潭池が現れ、背景にはライトアップされた首里城が浮かび上がる。私の叔父は今でも青年会で現役として獅子舞に入っているし、同級生が旗頭を揚げている姿に「地域の文化を守っているんだなあ」と感心する。もちろん観客として来ている人も多く、昨年は中学の同級生がムムヌチハンターに身を包んだ息子の手を引いているところに遭遇した。懐かしさと少しの照れくささを感じながら立ち話をした帰り道、心地よい夜風を頬に受けながら、しみじみと時の流れを感じた。

（宮城由香利）

醸界飲料新聞

１９６９年に創刊された泡盛の業界紙。この新聞を発行しているのが仲村征幸さんである。この人が取材から編集、広告取りまでを30年以上も１人でこなしている。その仲村さんに大学のドキュメンタリーを作る講義で、３か月間取材した事がある。この取材でなにが大変だったかといえば、この人は常に酔っぱらっているということ。二日酔いでインタビューに答えてもらえなかった事が何回あったことか。

その日も、今日は無理だからという事で、カメラを持っていったのにインタビューもとれず、ただ一緒に泡盛を飲んでいたら、そろそろ引退するかもしれないと言い出した。

それで、次の取材の時に引退の事を聞いてみたら、「いや、頭がぼけない限り続けますよ」との答え。え、続けるの。でもこの前は引退するって言ったんじゃ。すると「酔ってたら何とでも言いますよ」。まあ、憎めないおじーである。

泡盛業界からは「銅像も建ててあげなくちゃ」と言われるくらいだし。現在、おいしい泡盛が飲めるのも仲村さんのおかげ、かもしれない。まだまだ、元気にがんばってほしい。

（野添博雅）

しりしりー

沖縄三大シリシリーとは、「にんじんシリシリー」「りんごシリシリー」そして、「背中シリシリー」である。「シリシリー」は、直訳すれば「すりすり・擦り擦り」だろうか。

にんじんを「シリシリー」して、卵とチャラミカスすと、ほのかな甘みで、弁当の一品に最適。りんごを「シリシリー」すれば、弱った身体にやさしい、病気の時にはこれで決まりの一品。シリシリーって、どこか子どもの時の優しい記憶と結びつく。

そんな僕も渡る世間をシリシリーしつつ、いつのまにか親になったりして。なんとなく寝付かない娘に「背中シリシリーするね?」と聞くと、「うん」とくるりと背中を向けてくる。その小さい背中を片手で優しくシリシリーしていたら、なぜだか自分も眠くなってくる……。

シリシリーすれば、この小さき世界に、ほんのくーてん小だけ幸せがやってくるようだ。

（新城和博）

しんかー

不良のことを指す「ネオうちなーやまとぐち」である。というと驚く人もいるかもしれない。もともとは「親戚」や「仲間うち」という意味だが、90年代後半に10～20代前半の不良たちが、自らのグループを「わったーしんかー」と呼び結束の強さをアピールしていたことから転じて、不良グループのことを「しんかー」、ついには不良そのものを「しんかー」というようになったのである。

ツルむのは嫌いだ、という一匹狼の不良でも、「仲間」という意味の「しんかー」と呼ばれてしまうというのは、彼にとってみれば納得がいかないかもしれない。

（喜納えりか）

新都心

沖縄「県」なのに新「都」心とはこれいかに。県民のみんなが思ったであろう疑問を無視するがごとく、一日一日と発展していく新都心。全国チェーンのファミレスが沖縄進出を果たしたのもこの地で、お昼時の順番待ち行列はほとんど日常の風景となっている。休日になると今度はショッピングモールに向かう車の行列がすごく、うっかり新都心に踏み込まないように、遠回りで車を走らせている。目抜き通りにバス停ひとつ造るのもひと苦労。そんな新都心。

結構大きな外資系免税店の進出も決まった。しかし、ここは沖縄戦で激しい攻防があった地。夜な夜な出るのでご注意。と思ったら、夜中でもコンビニの明かりが消えない。

（KGB）

↓天久解放地

ジンブン学科

琉球大学に3年間しかなく、1997年には廃止された幻の学科である。正式には琉球大学法文学部人文学科○○学コース××サブコース。△△ゼミとつくこともある。名前が長すぎたのが廃止の理由ではもちろんなく、国立大学法人化へ向けた学部改編の波にのって登場したものの、その波にあっさりとのまれ、「なかったこと」にされてしまったのだ。国文科、英文科、史学科、社会学科、それぞれから分岐するたくさんの専攻を、ひとつの学科に統合しようとしたのがそもそもの間違い。卒業生としては実験台にされたみたいでちょっぴり腹立たしい気もするのである。

しかし「人文学科」の名前で得をしたこともある。ウチナーグチでいうところの「ジンブン（知恵）」に通じるからだ。親戚

の集まりなどでは、「あまぬ二男イナグングヮーや、ジンブン学科んかい歩っちょーんでぃ。さっこージンブナーやさ」と褒められ、卒業して4年もたった今でも、おじーおばーの尊敬を一身に集めているのだから。

　やはり、学よりもジンブンが大事なのである。

（喜納えりか）

す

すーぎー

盗み聞き。でもそんな悪気はない。すーっと軽く聞いちゃうんです、横耳で。強く見過ぎると「ちゃーぎー」になる。「すー」から「ちゃー」の境目に注意してください。

（新城和博）

すーみー

盗み見。でもそんなに悪気はない。すーっと薄く見ちゃうんです、横目で。強く見過ぎると「ちゃーみー」になる。すーみーとすーぎー、あなたはどちら派？　二つ合わせて世間が出来上がる。

（新城和博）

スクリーンへの招待

日曜の夜8時にＦＭ沖縄で放送されている番組。パーソナリティの安谷屋真理子さんが、リスナーから届いたおたよりを紹介しながら、映画について語る。極東放送時代から続いている長寿番組だ。

常連さんのおたよりが読み上げられることが多かったのが、今のようにメールが広く普及するようになってからは、毎週新人さんのおたよりも紹介されるようになった。毎週5人にペアの映画チケット、通称「ゴールドチケット」が当るというのも魅力的。

また、タワーレコードの週間サントラ売り上げチャートの紹介もあって、映画ファンにはたまらない。映画が大好きでそのうえラジオも大好きな私は、いろんな人の映画への熱い思いを聞くことができるので、毎週日曜の夜が楽しみでならない。日曜のお出かけの帰り道の車の中でこの番組を聞いている人も多いかもしれない。まだ観ていない映画や、観ようと思っている映画、惜しくも観逃してしまった映画の情報が聞けて、とても楽しい。ごくたま～に、真理子さんがおもわず映画の秘密をポロリと話してしまって、ドキリとすることも。

（友利祐子）

↓サタデーナイトはどうするべき？

せ

青年ふるさとエイサー祭り

　夏のエイサー関連のイベントといえば、どうしても「全島エイサーまつり」が思い浮かぶところだろう。「全島…」は沖縄市で行われ、隣でオリオンビアフェスタもやっている。エイサーに飽きたらフリーのコンサートを見て、それに飽きたらエイサーを見る、なんて贅沢なサイクルができる。

　しかし、対を成すように、もうひとつのエイサー祭りがあるのだ。それが那覇市奥武山運動公園で開催される「青年ふるさとエイサー祭り」なのだ。初日が沖縄各地の伝統芸能で、2日目がエイサーとなる。だが初日の伝統芸能など、「路次楽」やら「京太郎（チョンダラー）」に「花蝶の舞」など、マニアなら泣いて喜ぶ演目がずらりと並ぶ。しかし、いかんせん渋すぎる伝統芸能。なかなか観客動員につながらない現状で、主催団体の一つ、沖縄県青年団協議会も、厳しい運営を迫られている。出店も少ないし。「全島」が動なら、「青年」は静。そんな対比ができる…のかなぁ？（KGB）

→全島エイサー祭り、栄野比の島民ダンス

世界遺産

　国定公園首里城をはじめとする沖縄島内にあるグスクおよび琉球王朝関連の遺跡九つが、世界遺産として登録された２０００年。沖縄の某テレビ局へ、視聴者から一本の問い合わせの電話が入った。

「最近ニュースでよく沖縄の世界遺産の事

を話すけれど、なんで『識名霊園』が世界遺産になったんですか?」
「…それは、識名園のことですよ」
「識名園?! あはっー、識名霊園じゃないわけね。とても不思議でしたよー、なんで識名霊園が世界遺産なるのかねーって」
(実話)

ちなみに識名園は識名霊園のすぐ側にあるわけで、歴史の歯車が回りすぎたら識名霊園も世界遺産に登録されるかもしれない。

(新城ゆう)

全島エイサーまつり

沖縄全島エイサーまつりの前身、全島エイサーコンクールは、1956年、コザ市商工会が発案し市と共催したものである。中部独特の年中行事として、角力や闘牛といっしょに催された。コザ十字路・照屋商店街は角力、胡屋十字路センター通り・空港通りはエイサー、諸見大通りは闘牛を実施した。当時の新聞によると、第1回、第2回は約3万人、第3回は約6万人の観衆を集めたという。

回を重ねるごとに観客は数万に膨れ上がり、部落をあげての応援団も熱をあげてくるようになった。そのうち、シマのエイサーの評価基準とコンクールの評価基準に衝突が生まれたため、イベントは徐々に競い合いのない「まつり形式」へ移行していった。優勝の判定をめぐって審査員と青年会のトラブルが相次いだために1977年からコンクール制は廃止され、「沖縄全島エイサーまつり」と銘打って新たに出発することになる。順位づけのない競演形式になって以来、ショー化が進み現在にいたる。

今や、沖縄の一大イベントと言われるまでに成長し、沖縄の夏の風物詩としても定着している。

（與那嶺江利子）

↓青年ふるさとエイサー祭り

そ

総決起大会

1995年10月21日、宜野湾海浜公園の広場に8万5000人以上の人々が集まり、沖縄の過去と未来に向けてある誓いを立てた。

その日、会場に向かうバスは無料となった。テレビも生中継された。

ある高校生の女の子は日焼け止めを塗りつつ、バスに乗り込んだ。生後11ヶ月の赤ちゃんも参加した。誰でも参加できた集会だった。でも忘れられないのは、あの会場の静けさだ。みんなの願いは、とても静かなものだったはずなのに。

誓いのほぼ全ては様々な「苦渋の決断」の末に、ないがしろにされた。

あの会場の静けさは、沈黙に変わった。

（新城ゆう）

↓苦渋の決断

た

たーがしーじゃやみ

BBCにも放送されたという、「荒れた

た

成人式」として世界的にも名を馳せた、2002年那覇市合同成人式。実際現場を見てないので、あれこれいうこともないが、逮捕者が出たり、その後の国際通りを車でバリバリパプパフと成人服スガイの若者達が盛り上がる姿をみると、「若さる時分やくとぅないる」と「ふりむんたーが」という二つの思いが、交差した。いつの時代も若者はフラーなのだ。それでいいのだ。でもそのふりむん加減を若者もコントロールできないし、地域も社会も支えきれない時代になっちゃっているのだろう。

翌年の那覇市の成人式は分散方式となり、首里、小禄、真和志など、それぞれの地区で地域の人たちが実行委員会を作り、行うことになった。「大那覇市」ではもはや成人式を運営することは無理という判断を下したのだ。慌てて、地域運営方式の準備をしたらしい。

たまたまその日、首里の成人式会場である首里公民館の前を通ったら、車の整理をしている成人式のスタッフを見かけた。首里の旗頭スガイできめている。みると、首里地域の旗頭のシンカを中心にして、式の運営をしているようだった。まったくあったことのない市の職員の大人や警官相手だと、酒樽を強引に持ち込み、止められたら反抗もできようが、地域の先輩たちを、特に旗頭スガイの先輩たちを前にしては、去年のように荒れることはできないだろう。なるほど、ね。まだ「たーが　しーじゃやみ」の世界がかろうじて、超低度日本的消費経済社会に組み込まれ、地方都市化している那覇市にも残っていたんだと、なんか納得してしまった。年功序列、というとアレだが、「たーが　しーじゃやみ」で成り立つイッツ・ア・スモール・ワールドが、沖縄中にあったのだ。

「たーが　しーじゃやみ?」的社会にもうんざりしていた僕ではあるが、成人式に限り「たーが　しーじゃやみ制度」を導入してもいいかもと、不覚にも思ってしまった次第なのである。僕も、歳をとったもんだなー、しーじゃねぇ……。（玉本アキラ）

↓紫の鏡

大学院大学

なんか「男の中の男」みたいな響きである「大学院大学」。県内にある6大学の中から優秀な生徒を上位9．3％（失業率分）集めて、沖縄の自立的発展のための産業興しの人材を育成すべく、国の事業によって設立されることとなった、ということではまったくないらしい。じゃあ、なんだわけ？　わからんにゃー。

よほど勉強の好きな人を集めたいらしく、教授陣は「ノーベル賞」クラスで、キャンパス環境は「リゾート」並みだとか。いつの間にか話が進んでいるのは、最近の沖縄関連おこぼれ事業の常ではあるが、こんなに県民がないがしろというのも、いかがなものか。

せめて、沖縄の地域特性を活かした学術成果を上げてほしいものだ。例えば、広大なキャンパスの中に、特産の紅イモ畑を作り、ワールド・ワイドな加工品を開発し、産業を興す。その名も「大学院大学イモ」……。

（K・ぼねが）

だいじょうぶさぁ～沖縄

2001年9月12日、沖縄に大型の台風が近づいていた日のこと、リゾートホテルの宿泊予約をしている私の席に一本の電話がなった。

「明日、予約をしている○○様の件ですが、キャンセルとなると、キャンセルチャージの対象となるのでしょうか？」。それは、県外の旅行社からの電話で、台風を心配してのことかなと思った私は、「飛行機が欠航の場合は、チャージの対象にはならないのですが…」と答えたものの、相手はトーンをおとして、「違うんです。台風ではなくて、昨日のNYの映像を見て…」。

それが、テロキャンセル1本目の電話でした。同僚と「NYでのテロでキャンセルだなんて、考えすぎよねー」と話していたのも束の間、くるわくるわのキャンセルの嵐。修学旅行にいたっては、1年以上先の分まで取り消しとなりました。「沖縄はどんな状況ですか？」「米軍基地は大丈夫なの？」といったような問い合わせが、1日に数十件届くようになった。例年ならば、9月といえば最後の夏を楽しむ観光客でにぎわうはずの沖縄が閑散とし始めた。

そこで始まったのが「だいじょうぶさぁ～沖縄」キャンペーンだ。県内外でのキャンペーン活動、テレビCM。ポスター、ステッカー、格安ツアー。

県外がだめならばと登場したのが「またんめんそーれ宿泊利用券」。県内企業がこぞって購入し、社員へ配布。県内のお客様が多く訪れ、ホテルは少し活気を取り戻した。

人間とはやはり忘却の生き物。例年よりもやや価格の下がった年末年始のツアーに始まり、年が明けた春休み、GW、夏休みと、沖縄の観光業界は徐々に以前のような活気を取り戻した。北朝鮮問題、アメリカのイラク侵略攻撃、SARSなど、観光業界に打撃を与える材料はいまだあるものの、テロの時ほどの異常事態は、今のところ見受けられません。

　ひとつ分かったこと。一部の人は、まだ沖縄＝アメリカだと思っているらしい。米軍が動き出すと沖縄は危険地帯。北朝鮮を監視するためにコブラボールが飛来したと同時に、広島の学校の予約がキャンセルになった。私からいわせれば、距離の近い広島の方が危険な気がする。


（大宜見周子）

だいじょうぶかぁ〜?沖縄 !

「なんでもありのご時世」と高を括っていたボクに起こった大きな出来事。2001年9月11日、米国同時多発テロ。どんな言葉も陳腐に思えるほどのビックリである。残念無念、悲しいね。起こらなくていいことは起きてしまうものなのね…。

　そのテロの影響で観光客が激減、頭を抱えた沖縄が打ち出した秘策が「だいじょうぶさぁ〜沖縄」である。目が点で口はアングリ。

沖縄に「大丈夫」はないと思っていたボク。ところが沖縄は、とんでもないことに「だいじょうぶさぁ～」と言い切ったのである。そもそも大丈夫の基準は？ 基地に囲まれて麻痺してるのかね？ トホホ…。テロの影響で観光にダメージを受けての「だいじょうぶさぁ～」ではあるが、本心で「沖縄は大丈夫」と言ったのか？ 基地反対の次は、基地があっても大丈夫なのである。もっと違うアプローチがあったのでは？ 結局は「大丈夫であれば、基地はあってもOK？」になっちゃうのかな？

テロ以前、何十年も前に大きなキズを負った小さな船は、今もプカプカ浮いているだけに過ぎないのかな？ 無力な自分を棚に上げて、偉そうな発言をするボク自身にもトホホ…は続くのでアル。（ナカ☆ハジメ）

↓さぁ

大東島のテレビ放送

とうとう絶海の孤島大東島でも1998年から民放が見られるようになった。日本で最後の民放放送開始らしい。…が、なぜだか東京の放送が映る。東京から3時間近くジェット機に乗って、そこからプロペラ機で一時間も乗った島なのにである。大東島で見られるのはTBS、フジ、テレ朝の3局。なぜこの3局なのか…。まさか住民投票で決めた？ …疑問は膨らむばかりである。まぁ個人的な疑問は置いておいて、とにかく沖縄のローカル情報がテレビを通して入ってこない。台風が東京に近づこうものなら東海道新幹線が遅れただの、首都高速道路が速度制限だのの情報の嵐…。それを遠く離れた大東島では「ふ～ん」と聞き流す。

そんな大東島の子どもたちは、おいらの大好きな某携帯販売会社の「げんちゃんマン」

のCMも「ジョニー宜野湾」のCMも知らずに島生活を送るのである。ジョニーさんが大東島に沖縄のローカル番組の取材で行ったら、島の子供たちが誰この人？みたいに冷たい反応だったとラジオかなんかで言っていました。でも、これだけ日常的に関東地方の情報を耳にしているのだから、関東地方の地理のテストなんかすると大東島の子どもたちは沖縄県内でずば抜けた成績を残すのではないかと思っているのだが…。（柚洞一央）

タオル頭

沖縄の人はよく頭にタオルを巻く。作業着姿のニーニー、部活終了後のニーニー、特にステキなのは、ビーチパーティーの群れの中に見かける上半身裸でビーチバレーをしているニーニーの「頭にタオル」だったりする。

だいたいが「白地の無地」。たま〜に異色のファッションセンスを発揮している人がいて、運動会の景品でよく見かけるギラギラしたピンクや黄色、水色のタオルを巻く人も見かける。それが沖縄特有の光景だと思っていたら、この2年ぐらいの間で、有名ミュージシャンがタオルを巻いてテレビに出ているのをよく見かける。でも、そこでもやはり「真っ白無地」だ。

独自の「タオル文化」をつちかってきた沖縄のニーニーたちよ！　遅れてついて来たニューカマーに対抗すべく、「○●区豊年祭記念」とか、「祝　★☆マカトさんカジマヤー」などのローカル情報プリントが入っているタオルをじゃんじゃん巻いてはくれないだろうか？

（友利祐子）

タコライス

自分はタコライスが大好き!!　ただタコスの具をゴハンにかけただけなのにスゴク美味しいのだ！

そんなタコライス好きの自分にとって許し難い事件が…！　とある内地のテレビ番組でたまに1時間スペシャルで放送するドラマがあって（主人公は実在してた方でその方が全国各地を放浪しながら…）まぁ、半分フィクションっちゅーのは理解しながらけっこう好きでよく観てるんですけどね。

たまたま観た回が沖縄を舞台にしてて、よくある「沖縄はこんなじゃないぜ！」とか「やぁーの方言なってない！」ってのは承知の上なんですけど、その主人公と知り合った、とある売れないタコス屋の店にて事件は起こった…。借金に悩むオーナーに主人公は注文します。オーナーはいつも通りにタコスを作ろうとするとそこで主人公が「ボクはこの具をごはんにかけるんだね」。そしてオーナーがどれどれと食ってみる。「これは売れる！」と…。そして新メニュー「タコライス」は店の看板商品に。外国人も「ウマイデス！」といわんばかりに店は満員満席。もちろんオーナー大喜びの大繁盛になる。

…お話的にはいいんですけどこれを全国の人が観て「この人の一言でタコライスが生まれたのね！」と誤解したら本当にタコライスを発明した人がかわいそうだ！と思うんです！

（榮野比☆敬子）

たっくゎる

くっつくこと。ボンドを挟んでしまった指が「たっくゎる」などのように使われる。

子どものころ、家にあった障子紙を張るための糊が「タックR」という名前でびっくりしたことがある。作っていたのはもちろん沖縄の企業だが、戦隊ヒーローのようなカッコいい響きと、性質・用途までズバリ言い切るネーミングに、子ども心がシビれたものであった。

くっつけるは「たっくゎーす」。たっくゎるが変化して「たっくゎいむっくゎい」となると、物だけでなく生き物がまとわりつく感じもする。例えば「げー、あのカップル、たっくゎいむっくゎいしてるー」。

（喜納えりか）

→むっちゃかる

ダブル

俺のおばあは、オードブルのことを「ダブル」と言う。「ダブル注文したほうがいいかねー?」とか言う。謎の言葉だ。何をダブル注文するわけ?と思う。この言葉、俺のおばあだけかと思ったら、なんと他のおばあも使っている。おばあ達の流行語かもしれない。でも久米島だけかな。ほかの離島ではどうなんだろう? 沖縄ではどんなかな?

(伊集盛也)

ダブルミントガム

アメリカガムと言ったほうがわかりやすいかな? リグレイというアメリカのメーカーの製品で、緑色はダブルミント、白はスペアミント、黄色はジューシーフルーツ。子供のころ、ガムといえばこれだった。今でももちろん健在。この頃はシナモン風味のビッグレッドという新商品も加わっている。あの頃からちっとも変わらないパッケージデザインも、何気ないけどよく見るとなかなか味わい深いものがある。

日本製のガムよりも硬くて噛み応えがあって、味も長持ち。だけど風船がつくれない。

そう、ダブルミントガムはバブルガムではないのだ。子供にとって、この「風船がつくれない」というのは、ガムとしてはかなりのマイナスポイントだった。「風船できなかったら、ガム食べる意味ないさー」である。

で、母ちゃんにおねだり。「風船できるガムほしぃ~」「ダメ! あんなヤーラービッタイ、すぐ味も無くなって、あれは本当のガムじゃなくてビニールだよ! ぷーって膨らましてぱちんってあんたの顔にくっついて、外のゴミもあんたの鼻水も全部くっつくんだよ！　またこれ口に入れて食べたいかぁ！」「……」。

　ほんとにビニールかどうかは知らんけど、なんで母ちゃんがダメって言うのか、本当の理由はよく知ってた。父ちゃんがリグレイガムの輸入会社をやっているからである。商売ガタキの商品を子供に買わせるわけにはいかないのである。で、父親が持ってくるダブルミントを噛むことになるのである。あたしのエラが張っているのは、きっと子供のころにダブルミントガム噛みすぎたせいだはずよ。あたしが我慢強い子に育ったのも、きっとダブルミントガムが噛み締める力を育ててくれたからだはずよ。でも我慢強いってほんとにいいことなの!?　誰か教えてー!!　おかげでアゴも丈夫だけどさ。

（平良美十利）

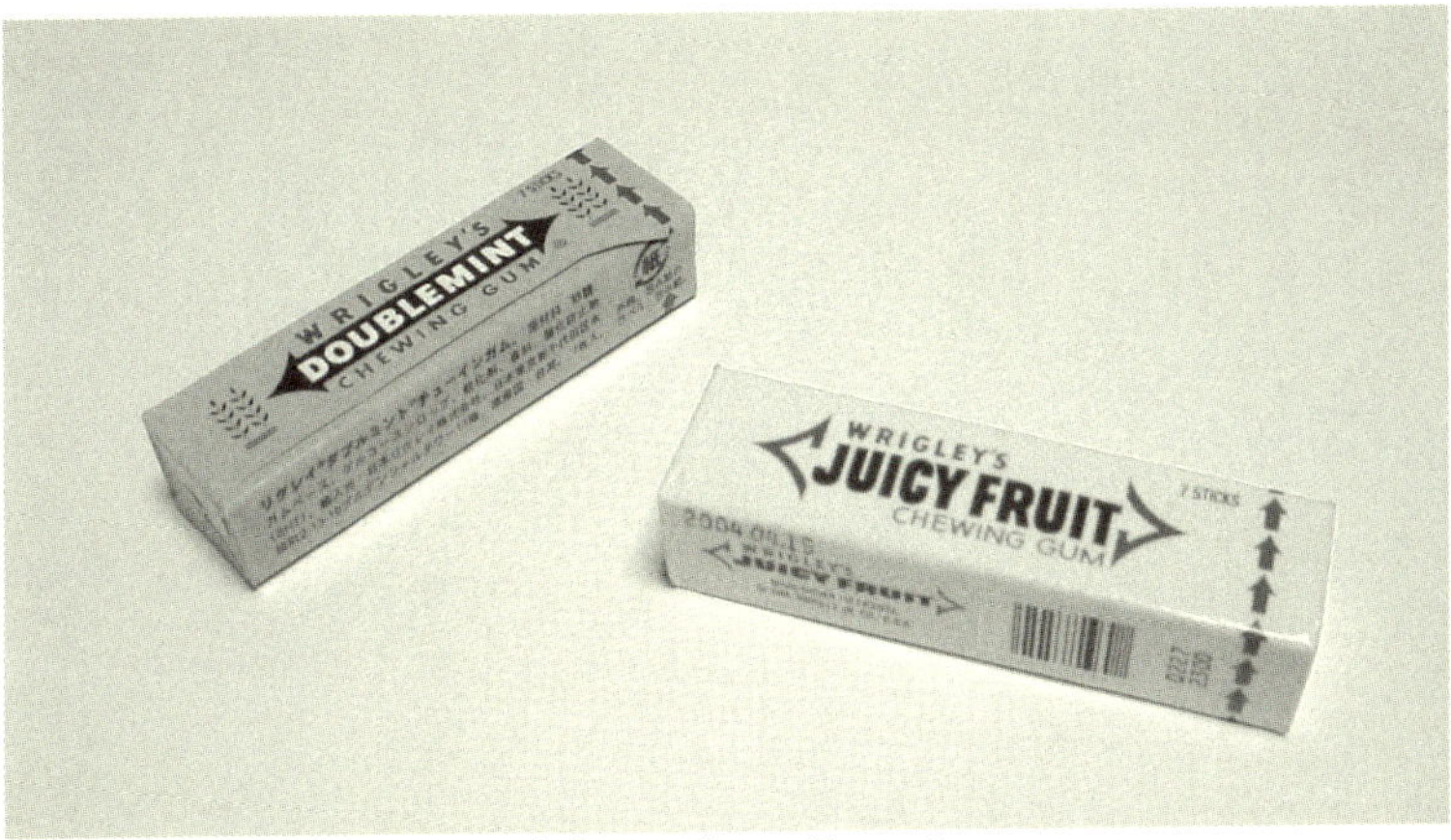

ダブルでガマンガマン!!

ダンキンドーナツ

みなさんは覚えているだろうか？　今では幻の「ダンキンドーナツ」のＣＭ。そして当時小学生だった人なら誰でも口ずさんだあの替え歌を！　地域によって多少異なると思うが、俺のとこではこうだった…。「♪ダ〜ンキンド〜ナッツ！　犬〜に噛まれ〜てナチュンド〜」×３。

途中に刹那い感じで「♪ユーフェリフォ・ユーフェリフォ・ユーアンダスタン！」最後に笑顔で元気良く「♪ダ〜ンキンド〜ナッツ！　ユーファイトミー！」と熱唱。

今になって振り返ると小学生は本当に単純でしょうもないことを純粋に楽しんだ気がする。

（友寄司）

→ユーファイトミー！

ち

ちーちーかーかー

美味しいお饅頭などを、誰かに見つからないようにと慌てて食べたりすると陥る状態のこと。食品に含まれる水分が少ないために、口や喉にひっかかるわけで、お茶を飲んだりすると『ちーちーかーかー』はおさまる。いまでは、「じゃん・けん・ぽん」に変わってしまったサザエさんのエンディングも、昔は「んが、んぐ」って、ちーちーかーかーしていた。あの時、サザエさんが日本茶のんで「はーすっきりした」って言うシーンが加わっていたら、あのエンディングは続いていたかもしれないと、私はひそかに考えている。

（比嘉辰子）

チィキン!

鶏肉のこと。うちの母はなぜか「チキン」を「チィキン!」と張り切り口調で発音してしまう。例えばお遣いを頼まれるときの会話はこんな感じ。母「今日は鶏肉の煮つけ作るから、ジャガイモとチィキン買っておいで」、私「ジャガイモとチキンね」、母「違うー、チィキンってば!」、私「…」。不思議だな~と思っていたある日、おばあの家でカレーをっていたときに衝撃の場面に遭遇してしまったのだ。おばあ「えー、冷蔵庫からチィキン出して」、母「(ガサゴソ、バタンッ)はい、チィキン」。私は固まってしまった。張り切り口調は母だけではなくて、おばあもそうだったのだ。母から娘へ、伝統は確実に受け継がれていた。そのとき私は「絶対おかしい! 自分は絶対チィキンなんて言わんからね!」と思っていた。けれども最近、母との会話の中で「今日のランチはチィキンだったよ」と、自然とそれを口にしてしまって、とってもショックだった。伝統は受け継がれてしまうのである。

(友利祐子)

ちくちん

アメリカ人の家に行って「ちくちん、ちくちん」と言えばお菓子を山ほどくれるらしい…ハロウィーンの夕暮れ、この怪情報だけを頼りに、米軍基地のフェンスを乗り越えるガチマヤーが結構いた。翌朝にはエンピー(MP=Military Policeですね)に捕まって追い出された武勇伝(とほほ)続出である('70年代半ば、普天間基地周辺での話。今の子はどうかな)。

長じてみるに、〝Trick or Treat?〟のことだったんですね。（松田尚子）

ちびらしい

日常語はウチナーグチという祖父母の世代が、日本語で話さなければならない局面で妙な表現を使うことがある。

「はぁ、もう、美空ひばりはホントにちびらしかったですよー」

美しい・すばらしいという意味の「ちびらーさん」を日本語風にいうと「ちびらしい」となる。他にも、観光地&すばやー限定で聞ける「めんそーれ」を加工して「○○ですけど、××さん、めんそーる?」などと言ったり、我慢できない、どうしようもないという意味の「ふしがらん」を「こんなに毎日暑くって、ふしがりませんねー」と使ったりする。わりと、丁寧な表現をしなければならないときに多く聞かれる気がする。「ウチナー的クレオール言語」と言ってもいいかも。（喜納えりか）

ちむい

1980年代から登場して、今や完全に定着したネオうちなーやまとぅぐちの傑作。「心が痛い、悲しい、可哀想」という意味のうちなーぐち「肝苦りさん（ちむぐりさん）」から「ちむぐるー」をへて「ちむい」に変化した。いずれも意味はほぼ同じ。が、しかし主に子どもたちが使っていたため「あれ先生に怒られているばー。でーじちむい」なんて、「ちむぐりさん」と比べるとかなりライトな状況にも使える。「こんな使い方は間違っている！」という人もいるのだろうが、他人の苦しみをも自分の心痛として感じる、という表現が、ポップな言い回しに変化しても残っているというのは、けっこう喜ばしいことではないか。

（新城和博＆喜納えりか）

↓意味よ！

北谷のナンパ

あれは14歳の時、北谷町の自宅からスーパーへ行く途中のことだった。赤いスポーツカーがゆっくり後ろからついてくる。私が気づくのと同時に、黒人さんが笑顔で声をかけた。

「あっそびにいこーよー！」。

ナンパか!?「ううん」。私はそのまま歩き続けた。

「ねー！あそびにいこーよー！」。こわい。早足で歩き続けた。日曜日の午後なのに、まったく人気がなかった。「ノー！」と首を横にふり歩き続けた。まだ車でゆっくりつけてくる。そして彼は粘り強い男だった。

「ねーねー！どおーしぃーてムーシムーシすーるのー!?」

私は思わず車に背を向けた。笑ってしま

ったのである。「日本語が上手やっさー」と思った。スーパーまであと10メートルのところを、私は顔を隠し車に背を向け小走りで前進し店に飛び込んだ。

10年前は、夜になると北谷の宮城海岸近くの様子は一変していた。深夜の受験勉強に疲れると、よく窓から下の道路を眺めていた。一晩中車が自宅前を通過していく。宮城海岸は一方通行で港区辺りから進入すると海岸沿いに走行できる。実はこの車の主たちは、港区、宮城海岸、砂辺、国道58号、宮城区、港区…と20分ぐらいで、どうもナンパ目的で8の字に深夜徘徊していたようである。私が出会った黒人さんに限らず、同地区はナンパのメッカでもあったのだ。

「あの車また来た」「あの車もだ」「あの車5周目だぜー。ご苦労さまだな」「あ！あの車今度は女も一緒だ」「彼女見つかったんだー」と勝手に喜んだ。受験生は勉強そっちのけで深夜の釣りを観察したものだった。（H）

→沖縄の合衆国

美ら

ここ数年で急激に市民権を得た言葉が「美ら」ではないだろうか。昔は「ちゅらかーぎー」くらいにしか使わなかったが、今や化粧水、飲み屋、パーラー、おばあ、水族館、海、島。あらゆるものについてくる。もちろんドラマの影響でしょう。「もともとは『清（きよ）ら』だから『美ら』は間違い。『清ら』が正しい！」と問題提起するのもちょっと違う。お気に入りだからって同じ靴ばかり履くと、すぐダメになるでしょ。素晴らしい言葉も、使いすぎる

とすり切れる。（喜納えりか）

美ら海水族館

さながら好感度タレントの明石家さんま、ベストジーニストの木村拓哉。何の話。本部町の国営沖縄海洋博覧会記念公園にある水族館。2002年にリニューアル、大水槽やらジンベエザメやらマンタなど飼育動物もさらにパワーアップして、館内には「世界一」と「世界初」がゴロゴロ。もう「県民に愛されている場所」として殿堂入り状態だ。家族でもよし、友達でもよし、学校の遠足も、デートの決め手にもよし。だれもが一度は行っている、そんな定番の場所。私が個人的にかなり誇らしく思っているのは、水族館にあるものすべてが「自前」。そう、夢のパノラマはすべて沖縄の海で調達できてしまうのだ。国内に有名水族館数あれど、これはまず沖縄だけだね。これが一番すごいことだと思うのだけど。本当の海も大切に。実物が水族館の中だけ、になってしまわないようにと願ったりもする。しんみり。ついでに、深海に住む生き物を展示しているところで、高級魚の「マチ」が泳いでいるのを見た。周囲にいたウチナーンチュの中から（私も含め）「おいしそう」の声。これもけっこう、沖縄チックでよかった。（岡部ルナ）

☆

2002年にできたばかりの巨大水族館。館長はサメの研究家で、水族館の中でもサメが占めるスペースがひろく、説明もかなりサメに肩入れしているかんじ（サメがすべて凶暴な人食いザメではない、とか）。数種類のサメを飼育している水槽での餌付けショーはなかなかエグい。サメの扱いにくらべて、イルカは外のせまい水槽に飼われているのがちょっとかわいそうな気がする。館内はとにかく広い。でもお客さんもいっぱい来るので人口密度が高い。大きい水槽を目の前にして軽食がとれるスペースがあるけれども、シーフードピザとかシーフードパスタとかを出すわけにはいかないのだろうな。

（太田有紀）

ちゅら拡さん防止条約 ❗

2001年のテレビ「ちゅらさん」以後、沖縄県内と沖縄文化消費圏内において、「ちゅら」が大量発生した。あっちでちゅらちゅら、こっちでちゅらちゅら。様々な新製品が登場し、沖縄文化愛好者及び沖縄文化消費者の間で、「もー、わけわからんさぁー、はごーさよ」と問題視された。これ以上「ちゅら・ちゅら」されると、島の美観を損なう恐れがある。よってここに「ちゅら拡さん防止条約」を制定し、全沖縄県民及び沖縄文化消費愛好者が速やかに条例に批准することを、命令する。これ以上の「ちゅら」関連商品及び施設の秘密裏による開発を停止することと、今ある「ちゅら」表記をすみやかに廃絶すること。

問題点はふたつ。

①国連のどの部分に協力してもらうべきか、よくわからんさー。安保理か、でもまさかねー、そんなこと言えない（「長い間」のメロディで）。

②アメリカが沖縄に関していかなる条約でも締結するはずがない。（K・ぼねが）

↓包括的なんくるないさ禁止条約

町民

私の通っていた高校は那覇市内の外れにあり、那覇市から通う生徒と隣町の南風原町から通う生徒がいた。そのため、南風原町から通っている生徒は「町民」と呼ばれ、ことあるごとに田舎者のレッテルを貼られていた。町民の中でも、まれに垢抜けたハイセンスな人がいると「市民じらーの町民」として町民の羨望を受け、逆に「町民じらーの市民」は同情をかっていた。また、同じ南風原町内でも大里村寄りに住んでいる生徒は「村民」などと呼ばれ、更に田舎者としての扱いを受けることになる。一般的に、町民は町民と見破られないことを目標にしており、自らの住所を「那覇市」と偽る事もあるので、友達といえど注意が必要だった。もちろん文集に書く将来の夢は「市民になりたい」である。

（宇和川瑞美）

て

でぃー

中学校に上がる。これは子供にとって一大事だ。英語や数学の授業も始まる。違う小学校から来る人もいるし、友達100人できるかな。そんな不安を胸に抱えながら、新しいクラスで席に着く。隣に座った他校から来た同級生と、ぎこちない会話を交わす。その瞬間、彼らの初めての異文化交流が始まるのだ。

「…ってよー、でぃー」

彼は思った。「はぁ？でぃーって何か？」

そう、沖縄の新中学生がまず乗り越えなければならない言葉の壁が、この「でぃー」だ。「でぃー」は冗談や嘘を言ったときな

て

どに、「うそさー」「なんてねー」ぐらいの感じで使われる。「今日先生休みってよー、でぃー」みたいに。使う頻度がめちゃめちゃ高いわりに、地域によって言い方が違う。おおまかに言うと南部、那覇らへんは「どぅー」、中部一帯だと「でぃー」が主、石川あたりだと「りー」とラ変活用する。(首里高出身のガレッジセール・ゴリも、ネタで「どぅー」を使っている)。

学校単位、下手するとクラス単位くらいで言い方が違うこともある。私が確認できただけで、「ちー」(具志川市の一部)「ぢー」(宜野湾)「にー」「りー」(石川、金武あたり)「ぷー」(?·?)、宮古では「てぃーっすっすっ」て言ってたそうである。合わせ技で「でぃー」+「てぃからよー」で「でぃーってからよー」、最近では擬態音と組み合わせて「ジキシジキシどぅー」と言うところもあるそうだ。こうなると何でもありだ。お手上げである。ともかく相手の発する「でぃー」への違和感を乗り越えることから、中学生の人間関係は形成されていく。大人への道は、そういうところから始まるばーよ、でぃー。

(喜納えりか)

→どぅー

ティンクティンク

ここんとこ気になる県出身のアーティストが、女性ボーカルデュオ「ティンクティンク」だ。プロデューサーは「りんけんバンド」の照屋林賢。それを知ったとき僕は、「りんけんも『つんく』になりたかったのか…」と思った。が、それはさておき、実際いいんですよ、ティンクティンク。

ティンクティンクは、「さあちぃ」と「あずさぁ」の二人組。華やかな琉装に身を包み、若々しく伸びやかに歌う。気持ちのいいユニゾンだ。けれどそんなことは各音楽メディアがこぞって書いてそうなので、ここはあえて彼女たちの「ダサかわいさ（ダサさ＋かわいさ）」に注目したい。

まず、自らを通称「さティンク」「あティンク」と呼んでいる。何だそりゃ。でもダサかわいい。

ファーストアルバム「tink tink」のジャケット写真、右側の「あずさぁ」の、中学生が自分で切って失敗したような前髪がダサかわいい。

しかもこの前ついに北谷の「カラハーイ」まで二人のライブを見に行ってしまったのだが、MCで「さあちぃ」が、NHKが何チャンネルかを思い出せなかった。何てこった。でもダサかわいい。

結局、僕はある意味彼女たちのその「垢抜けなさ」にほっとして、癒されている部分がある。

だから「『ティンクティンク』の『ク』を『コ』に代えると大惨事だぜ！」とか言ってる下品な連中は、熱々の巨大ポーポーにでも巻かれてしまえばいい。（すいません言ってましたすいません）

（カリイ）

「てぃんさぐぬ花」

もう齢90を超えたうちのオジーが入院した時に、一緒に住んでたオバーも少し参ってしまったことがある。オバーのところへ顔を出したら、オバーは一人ぼっちの家で日がな窓際のソファーに座り、表の通行人の数をカウントしていると言うのだ。「いろんな人が通るよ。知っちょーるーかねえ?と思ったら知らんちゅーさあ。100人まで数えて、100人になったら洗濯するよお」「…洗濯?」「洗濯したら、またここに座って人を数えるさあ」「…また?」「そう。さっきも数えていたよお。それで100人になったねえ、と思ったら今度はあんたが来たさあ」「あ、僕、101人目?」「だーるよお」

その日、窓際から見える道を通り過ぎた200人は、誰もオバーに見られていたことなんか気づかずに、せわしなく自分の時間を動いてて。けれど今のオバーはその数を数えることでしか、自分の時間を進められなくなってて。…そうしないときっと、彼女の時間は止まってしまうのだ。

「♪てぃんさぐぬ花や　ちみさちぃにすみてぃ　うやのゆしぐとぅや　ちむにすみり♪」

オバーが、いきなり歌いだす。僕でも知ってる民謡「てぃんさぐぬ花」だ。

ホウセンカの紅は爪の先に染めて、親の言うことは心に染めなさい。そういう内容の歌だ。

「お、オバー、ごきげんだねえ」僕がそうはやすと、「そうだねえ」とオバーは満面の笑みだ。そうして調子に乗ってきたオバーは、歌の2番に突入する。


「♪てぃんのむりぶしや　ゆみやゆまりしが　うやのゆしぐとぅや　ゆみやならん♪」


夜空の星たちは数えようと思えば数えられるけれど、親から教わることは多すぎて数えられない。

そこで、目の前のオバーが通行人の数を数えている姿がかなしく想像され、僕はすっかり気が滅入ってしまう。でも、そう、数えるまでもなくて。通行人が「何人」通ろうと、それこそ数え切れないくらい行き来しても、オジーもオバーも、僕にとっちゃ「一人」だ。お願いだから、しっかりしててよ。

そうこう考えてるあいだも、完全にノッちゃってるオバーは、もう何番かも数えられない「てぃんさぐぬ花」を歌い続けている。ていうか、何て歌ってるのかも分かんないし。むしろ4番以降の歌詞なんか聞いたことない。……オバー、それ、ぜったいテーゲーだよね？
（カリイ）

て

でーじ

言わずと知れた「とても」を表すうちなーぐち。

今更であるが、同意語には他に「しに」「さっこう」などがあるが、幅広い地域・年代に使われているのは、「でーじ」ではないか。他の語に比べて淘汰され難いように思う。

「とても」を表す方言は、全国様々だ。関西方面でよくきく「めっちゃ」や、福岡、広島などの「ばり」、そして「ぶち」「えらい」などはいろいろな地域で聞かれる。

他に大阪の「ごっつ」鹿児島の「わっぜ」など地域色豊か。例えば「言葉は京を中心に同心円状に伝播していった」という説をとると、名古屋の「どえりゃあ」と岡山の「でーれー」が似ているのもうなずける。

私は旅先では必ず、ご当地の「とても」を訊く、自称「とても」収集家。「とても」はとても奥が深い。

さて、私の知る「でーじ」な話をひとつ。

私の妹が、進学で県外に行った時のこと。同じく沖縄から進学した友人と、そこの地元の友だち、3人でおしゃべりをしていたそうな。沖縄の目鼻立ちくっきり乙女二人は、興奮気味に話題を展開。

「でーじ○×だったってばー」「うそーっ!でーじ」その会話を聞いて、地元の色白醤油顔の彼女が言った。

「さすが沖縄!デイジーって、アメリカ人のお友だち?」

国際色豊な沖縄のイメージは、すっかり本土で定着しているようだった。(池間洋)

→しにかん

でーびるvsさー

試合巧者の語尾対決。

相手のバックをとると、とたんに沖縄っぽくなり、強さをます。

「沖縄の人は、そんなに『さー、さー』しないでーびる」

わけわからんのでノーコンテスト。

↓対決パート3（P205）に続く

電気風呂

現在、沖縄県内には8軒のユーフルヤーが熱帯沖縄の公衆衛生保全を担うべく頑張っているが、まだ各家庭に入浴施設が普及していなかった昭和30年代初め頃には全県で300軒を超えるユーフルヤーが存在し、さぞや繁盛したであろうと思われる。昨今、年々廃業が続いているユーフルヤーであるが、おいらが調査した限りでは、昭和30年代以降今日までに伊江島、久米島、南大東島、宮古島、池間島、石垣島、与那国島などの離島にもユーフルヤーが存在した。宮古島では1959～68年の三つの記録的な台風の被害によってコンクリート住宅の新築ラッシュが起き、これを契機にして各家庭に入浴施設が普及したことで、「菊の湯」が80年に廃業したのを最後に宮古島からユーフルヤーは消えた。石垣島で

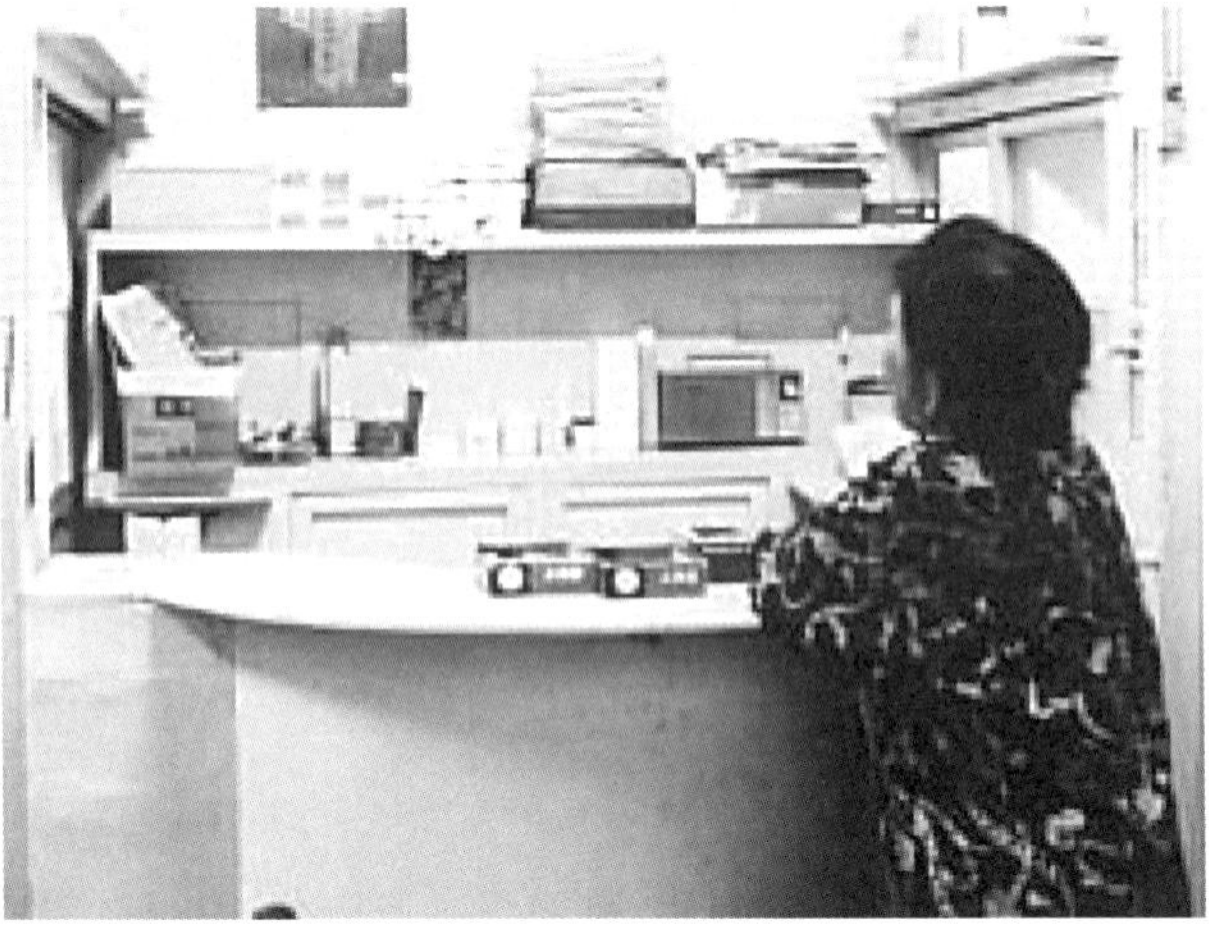

は、戦後、発電所の冷却水（湯）を活用した「電気風呂（当時、地元の人は発電所の排水を利用した銭湯をこう呼んだ）」の繁盛がきっかけとなってユーフルヤーが普及した。このように各離島によって状況は異なるものの、沖縄にも銭湯文化は確かに存在したのである。

おいらはそんなユーフルヤーが大好きである。何せ現在でも頑張っているほとんどのユーフルヤーは老朽化が激しく、その建物や内装ときたらまず本土では味わえない程の文化財級の風格である。そして飛び交うウチナーグチ…。こりゃあもう観光施設なんか目じゃないっすよ。これほどまでに沖縄を体験できる施設があるだろうか（反語）。

沖縄の庶民文化を体験するなら、ぜひユーフルヤーへお越し下さいませ。

（柚洞一央）

電柱の影

暑い沖縄に生きる女性は、少しでも日焼けを防ぐため涙ぐましい努力をしています。信号待ちの際、電柱、看板、標識、その他もろもろ、立っているものの影に隠れるのです。沖縄のバス停は、日が沈むと影が大きくなるように設計されています。嘘

です。

影に隠れても紫外線をさえぎる効果はあまりなさそうですが、中には日傘を差しているのに影を独占している人も。そういう人を見ると「差してない人に譲れ！」と汗だらだらーしながら思うとは、久茂地でOLをしている友人の弁。

横断歩道の前では、女性たちが影に沿って斜めに並ぶ姿が見られます。日が落ちていき、影が長くなると並ぶ人はどんどん増えていき、その光景は、太陽が完全に沈むまで続くのです。

類似スポットに、車で信号待ちをしているときの「歩道橋の影」があります。

（桐かなえ）

と

どぅー

うっそさーという意味。使い方「そういえばさ、昨日UFO見たってばー！　どぅー!!!」という具合に、相手の反応を見る前に、うそだとばらしてしまう、何とも思いやりのある言葉なのだ。一世を風靡したこの言葉は、会話の節々に大変よく使われ、そして沖縄語初ではないだろうか、DOーという独特の丸文字まで出回ったほど大ブレイクした。しかし、あまりの「どぅー」乱用ぶりに、先生方は日本語存続の危機を感じたのであろう……なんと！　私の小学校では、驚くことなかれ！「どぅー禁止令」が発令されたのである!!　みんな初めはブーブー言っていた、が「どぅー」は「でいー」でも「じー」でも同じ意味をなすので、なくなることはなかった。

余談だが、その他にも、うちの小学校には、パーカー禁止（帽子の部分がどこかに引っかかったら危ないため）、網編みの服禁止（こちらもどこかに引っかかったら、危ないため）、長ズボン禁止（小学生に、長ズボンは10年早いため？）など、奇妙奇天烈な禁止令がありました。　（玉城愛）

→でぃー

當間武三

今もし沖縄に本当のスターがいるとしたら、実は彼女、いや彼なのではないだろうか。

「たけぞうやいびーん」

お昼休み、職場のみんなで弁当を食べつつテレビを見ていた時のことだ。うちの事務所はなぜかお昼はみんなそろって「笑っていいとも！」を見るオキテになっている。タモリさんのやる気があるのかないのかわからない司会ぶりを堪能したあと、CMになった。いつもの昼下がり。突然その穏やかな雰囲気が崩れた。

ニュースキャスターに扮したとうまさんの振りで、シャワーを浴びている女装のとうまさんが映し出されたのだ。しかも衝撃のセミヌード……。見てはいけないものを見てしまったというショックが走った。

みなさんはご存じだと思うが、當間武三さんは、女装の芸風は「ブサイク」である。そのお昼のセミヌードはモザイクすれすれであった。僕は初めて見たときは我が目を疑ったもんだ。しばらくしてそのCMはお昼の時間帯から消えた。白昼夢を見ているような気分だった。

いつの日か當間武三・母の日公演を那覇市民会館で見るのが、今後の僕の目標である。みなさん、知らないだろうが、1日2回公演毎回ソールドアウトする人気なのである。

トランス・ジェンダーな沖縄のほんもののスター、當間武三さんに、リューチュー・ドラック・クイーンの称号を差し上げたい。

（新城和博）

★

衝撃的だった。當間武三氏のシャワーシーン。CMの放映が始まったばかりのころは、氏の上半身があらわになっていて、見るたびにハラハラしていた。「あんなにモロ出ししていいわけ?」と思っていたのは私だけではなかったらしく、まわりの友人の間でもかなりの評判だった。しばらくすると、バスタオルで胸元を隠した新しいバージョンが放映され始めて、ホッとした。確かにあれはやりすぎだった。そのあとのバージョンでは、氏のシャワーシーンが画面から消え、スーツ姿で登場。しばらく安心していたら、最近、またまた新しいバージョンが放映され始めた。氏が再びバスタオル姿で登場。ボイラーに話しかけている。今回はシャワーキャップもかぶっている。今後の展開から目が離せない…。

（友利祐子）

とつぜん！豊見城対決

★第1ラウンド　トミグスクVSトミシロ

県内の市町村で名称に「城」がつくのは？と聞かれてもすぐには全部思い浮かばないが、実は全部で6市町村ある。その中で「城」を「グスク」と呼ぶのは「北中城村」「中城村」「玉城村」「城辺町」「豊見城市」、そして「シロ」と呼ぶのは「与那城町」だけである。しかし、豊見城だけは「トミグスク」が正しい呼称にも関わらず「トミシロ」と呼ばれることが多い。そこで、市内にある公共施設・民間企業で「トミグスク」と「トミシロ」と名のつく所を調べてみた。まずは学校、市内にある「豊見城幼稚園」「豊見城小学校」は「トミシロ」幼稚園、「トミシロ」小学校と呼ばれている。しか〜し、「豊見城中学校」は「トミグスク」中学校だ！ところがどっこい「豊見城南高校」「豊見城高校」はそれぞれ「トミシロ」南高校、「トミシロ」高校なのだ。その他の公共施設、民間企業での派閥争いは以下の通り。「トミシロ」派＝豊見城中央病院、豊見城警察署、豊見城幼稚園、とみしろ焼き、とみしろ塩、豊見城薬局、とみしろ印刷、とみしろ写真館、とみしろ珠算塾、豊見城在宅介護支援センター。「トミグスク」派＝豊見城郵便局、豊見城城址公園、豊見城そば、とみぐすく福祉作業所。この対決、呼びやすさからか「トミシロ」の方が圧倒的に優位である。市施行の時、敢えて「トミグスク」にこだわったはずなのに・・・。このてーげーさはまさに♪うちぃ〜な〜♪（私の夫が口ずさむ沖縄らしさを見つけた時の『芭蕉布』のフレーズ）

★第2ラウンド　真玉橋VSとよみ大橋

北から豊見城に入るときには、二つのルートがオススメである。どちらも橋を渡ってくるのだが、この二つの橋は異なるカラーを持っていてなかなかおもしろい。

歴史を堪能したい方には、国場川にかかる「真玉橋」コースがオススメ。この真玉橋は1522年に尚真王によってかけられたものだが「七色ムーティー」という人柱伝説が残る橋である。当初は木造の橋だったが1708年に石橋に架けかえられ、先の大戦で破壊された後は鉄橋が架けられた。しかし1995年の試掘調査で石橋の遺構が発見され、今はその一部を残して拡張された新しい橋が完成している。真玉橋を起点に豊見城城址公園、旧海軍司令壕の歴史散策に出てみてはいかが？

もうひとつの橋「とよみ大橋」は国場川と饒波川が交差する河口に架かる全長300メートルの新しい橋で、1933年に完成した。中央に大きな支柱があるのが特徴で、夜になると白や青色でライトアップされる。月明かりと相まってなんとも幻想的な雰囲気になる。また、橋の下には1999年にラムサール条約に登録された「漫湖」の干潟が広がり、メヒルギを中心としたマングローブ林は水鳥や干潟生物の生息地として知られている。休日にはとよみ大橋を歩きながらバードウォッチングを楽しんでみては？

さあ、あなたは歴史派？　それとも自然派？

つづく

★第3ラウンド　中心地はどこ？

特に目的もなく豊見城に遊びに来る人にとって、ここはちょっとむつかしいまちだ。なぜなら中心地や繁華街といわれる場所がなく、見どころが数カ所に点在しているのである。まちの中枢機関となる市役所からして2か所に分かれているのだ。本庁舎は上田地区にあって、その周辺には小学校、中学校、交番、郵便局、農協などがあり、おそらく以前はここがメインスポットとして栄えていたはずだ。

しかし1969年に4000人以上が入居するマンモス団地・豊見城団地ができると、その中に小学校や商店街ができた。さらに付近には陸上競技場、中央公民館、社会福祉協議会、大型スーパーが立ち並び、豊見城の繁華街がいたるところに点在し始めた。さらに新庁舎がある糸満街道に通じる沿線も、中古車街道として発展した。その奥に「豊崎プロジェクト」なる埋め立て工事もはじまり、大型のアウトレットモールの建設を皮切りに商業地、工業地、住宅地の整備が進んでいる。まだまだ発展を続ける豊見城。楽しめる場所が色んなところにあるというのは、不便そうでいて、じつは、混雑・渋滞や住民サービスの不平等さを解消する新しいまちづくりなのかも？

余談だが、アウトレットモールの名前は「あしびなー」という。沖縄市にある小劇場「あしびなー」と間違える人が多いと聞く。豊見城「あしびなー」VS沖縄市「あしびなー」。ここにまた新たな決戦の火ぶたが切って落とされた…。

（海勢頭利江）

↓対決パート4（P269）に続く

どろぼうと巡査

別称「どろぼうと警察」。地域によってもっとあるようだが、我々は「どろぼうと巡査」、略して「どろじゅん」と言っていた。ルールは「鬼ごっこ超拡大版」とでも申しましょうか。要はどろぼうグループと巡査グループに分かれて、あきるまでエンドレスで遊び続けるのである。

だいたい小学校くらいでは終わるような遊びだが、私は中学1年の頃、なぜかどろじゅんにハマっていた。放課後、男女で学校をくまなくどろじゅんし、部活動のない日や、土曜日もお昼をきちんと済ませてから遊び狂った。女子軍は制服からトレパンに着替えてまで熱中していた。

しかしそんな楽しいレクも終止符が打たれた。テスト期間中にもかかわらず、琉大図書館のそばで制服やかばんを置き散らして琉大構内をどろじゅんしたことが知れ渡り、副校長呼び出しを食らったのだ。でもタバコなんかで呼び出しされるより、のどかだよなー。

そして私は23歳でまたまたどろじゅんを体験した。区民運動会の反省会で、飲んだくれる大人の中、退屈している子供たちに紹介したのである。おかげで宜野湾区13班の優しいネーネーになってしまった。だって彼らはどろじゅんを知らなかったのである。ま、伝統的沖縄遊びをうまく継承できたと自負している？

（與座みのり）

な

ナイチのウチナーンチュ

高校を卒業すると、県外へ飛び出す同級生は3分の1くらいいるんじゃないかな。大学や専門学校、そして進学就職とかでね。そのまま沖縄コースの自分からはツッコミたくなるようなことがあったりする。

内地に行った友達から「彼氏できたよ!」って聞くと同じ沖縄の人だったりする。内地に行ったはずなのにわざわざ沖縄の人なの!?とかね。それと内地にいるくせに妙に同じウチナーンチュ同士でかたまるとか。そして居酒屋なんかでナイチャーの店員相手に方言で注文するのだ。会話では周りの反応を気にしながら普段ぜったい使わないような方言を無理やり使ってみて「みんな分からんじらぁし!」ってね。沖縄の人はシャイな人が多いって言われるが、そこらへん見ても微妙にわかる気がするね。同じウチナーンチュだと思うと強気になっちゃうんだろうね（みんながそうとは言わないけどね）。しかしそんなシャイな沖縄の人でも、県外に通用するウチナーンチュはたくさんいると思うぜ☆

（榮野比☆敬子）

ないちゃー

沖縄では日本本土を「内地」と呼び、この人は「ナイチャー」になる（類語が『ヤマトゥ（大和）』）。沖縄に引っ越し、その土地に溶け込むナイチャー、またはやけに沖縄にくわしかったりするナイチャーへは、「沖縄の」を表す「シマ」と「ナイチャー」をくっつけて「シマナイチャー」と呼んだりする（どこまで行ってもウチナーンチュにはならないところが悲しいんだか何だか）。

　また、ヤマトゥ側からは「ウチナーンチュ」と「ヤマトンチュ」を合わせて「ウチトンチュ」という名を考える人も出た（一瞬で消えたネーミングです）。沖縄では、沖縄出身かそうでないかを日常の中で常に意識させられる。

　本土出身の父、純沖縄人の母を持つ私は「ナイチャーとウチナーのハーフ」だ。私自身は物心つく前から沖縄で暮らしているが、成長するにつれ「何か変だ」と思うようになった。やがて、すぐナイチャーと言われる自分の姓が嫌いになった。父に似て「ナイチャージラー（本土顔）」の自分の顔も嫌になった。沖縄の空気にどっぷりつかって、沖縄の子として育ってきたのに、ウチナーンチュとしては扱われない。自分が完全でないように思えて何とも不安定な気持ちだった。しかし、自分はハーフと思ってみた瞬間、目の前がぱっと開けたような気がした。堂々と「ウチナーンチュ」と胸を張ってもいいと思えた。違う国籍の両親を持つ人が、「ハーフ」ではなく両方の国を知る「ダブル」だと表現されたりするけれど、私もそんな気分。ここからの景色は眺めがよかったりもするのだ。（岡部ルナ）

ないちゃーじらー

　私はどちらかというとないちゃーじらーなので、国際通りの土産物屋さんの前でよく声をかけられていた。つまり観光客と間違われて、土産物を勧められていた。

それを隣で見ていた純うちなーんちゅじらーの友達は「いいなぁー」といつも羨ましがっていた。何が羨ましいのかよく分からないが、とにかく彼女は一度ないちゃーと間違えられてみたかったらしい。

そんな彼女もついに間違えられる日が来た！ 学校からの帰り道、バス停の前に立っていると、一人の老婆が自らの行き先を告げ、何番のバスに乗ればいいかと聞いてきたので、丁寧に教えてあげたそうだ。すると老婆が一言「日本語お上手ですねー」。

彼女はたいそうショックを受けていたが、そんな異国情緒あふれる顔立ちを「いいなぁー」といつも羨ましがっているのは私の方なのだ。

（宇和川瑞美）

仲間由紀恵

最近の沖縄出身美女といえば、いろいろな役柄に挑戦して頑張っていたのに、「琉球ムーン」なんつってすっかり沖縄の看板になってしまった国仲涼子ちゃんが浮かぶ。そして彼女と並び称されるのが仲間由紀恵さんだ。コミカルにもシリアスにも演じられる力量に加え、沖縄を打ち出さなくても視聴率が取れるところに大好感。何よりもその美貌には男性ならずともクラッとくる。近くに行ってニオイたい女優ナンバーワン。ＮＨＫはぜひ彼女を起用して、「かばさん」という物語を放送してほしい。

（喜納えりか）

↓神谷千尋

なかよしパン

ココアチョコベースのパン生地に、白くてクリームがサンドされている「なかよしパン」。ほっくりとした段々が連なる30センチもの長さは、大人になっても一人では食べきれない。皆で仲良く分けて食べましょーねーという意図があるのか。だからこその「なかよしパン」？

「お姉ちゃんがちぎってあげるからこれ食べなよ」と、クリームが薄い部分を弟に分け与え、厚みのある部分だけを食べられるのは、長女の特権である（横から見るとクリームの多い部分がわかる）。仲良く分けているようで、実は画策アリ。

ところで、なかよしパンのパッケージには愛くるしいカエルのイラストが描かれているが、それは何故？ しかも、彼には「へそ」があるのだっ!! 彼はいまだに私を混乱させてくれる。カエルにはヘソがあると思いこんでしまうほど、その印象は強烈。これもなんらかの画策？

さまざまな疑問を抱えつつも「美味しいからいっかー」と思ってしまう、不思議パンである。

（松ノ原 睦）

名護市民投票

いつのまにか。いつのまにか、名護に基地が来ることになっていた。大人たちは、会えばお互いの顔色をうかがいながら話し始めた。親戚の集まりがあると、目には見えないモヤのようなギクシャクした空気が流れていることを感じたのをはっきりと覚えている。学校帰り、どこかの大学生と思われる集団が「ジュゴンはですね、生きたいんですよ！」とスーパーの前で叫んでいる。高校生だった私は、「いやいや、生きたいのはこっちだって同じだよ」と思いながら、無関心を装って彼らの前を通り過ぎた。そういえば、「ムネオハウス」でおなじみの大物政治家や、元官房長官がばんない駆けつけて、ニヤニヤしながら演説してたっけ。

あのとき以来、名護の大人たちは本音で話し合うことはなくなったように感じる。

（友利祐子）

↓県民投票

涙そうそう

思えば2002年の紅白歌合戦は沖縄ゆかりの歌が多かった。あからさまにダミ声のアルゼンチン人カセーロがTHE BOOMと歌った「島唄」、いつからか沖縄沖縄し始めたBEGINの名曲「島人ぬ宝」、そして夏川りみの「涙そうそう」。

特に「涙そうそう」は、毎年紅白を見ながら「若い人の歌は、ぜんぶ同じに聴こえるさあ」と愚痴っているうちのオバーまでもが「いい曲だねえ」とさんぴん茶を飲みながら聞き惚れていたからすごい。老若男女、この曲のファン層の裾野も広大なのではないか。

で、夏川りみの代表曲として恐らくこの先何年も歌われていくだろうこの曲、「二匹目のドジョウ狙い」だっていい。続編を作る価値はある。そんなわけで唐突ではあるが、「涙そうそう」の続編のタイトルを考えてみたい。

まず考えられるのが「熱（あち）こうこう」だ。石垣島で生まれ育ち、歌を歌いたいと島を飛び出した。そんな夏川の熱い想いがこの続編に込められている。

　そして続いて考えられるのが、「ウートウトウ」。私が歌い続けていられるのも、先祖の見守りがあってこそ。旧盆に必聴の一枚となること間違いなしだ。しかし更に捨てがたいのが、「灘高校」である。沖縄と関係ないじゃん、という声もあるだろうが、灘は日本酒の産地として有名。酒好きの夏川が酒欲に負けたとしても、なんら責められたものではない。

　で、その中にあって最終的に僕が推すのが、「血いごうごう」だ。「涙ぽろぽろ」なんてまだ甘い。女の情念は、時に血を流すまで身を削ることによって完結するのだろう。

　さあ、ぜひとも続編に期待したい。みなさんはどれが聴きたいだろうか。僕はそうそうに退散したい。
（カリイ）

「那覇」

　高校時代のある日の放課後のこと。舞台は首里高校のとある教室だった。

私「那覇に行こう〜♪」

友「なんで？ ここも那覇じゃないの？」

私（動揺しながら）「じゃあ牧志とかに行くときはなんていうの？」

友「〝街〟行こう…じゃない？」

　首里高校は今も昔も変わらず那覇市にあり、そのときの私は自分自身が那覇市にいることを充分認識していたはずだ。それにもかかわらず「那覇に行こう」という矛盾した表現を無意識に使っていた。そのとき周りにいた数名のクラスメイトに同じような質問をしてみると、不思議なことに首里地域の中学校出身の数名は私と同じように「那覇に行こう」を無意識に使っていた。

　小・中学生の頃、当時の遊び場といえば

ＭＡＸＹやフェスティバルといった牧志周辺だった（注：パレットくもじはまだできていない）。私や周りの友人たちは全員…とはいわないが、たいていの人はその辺りを〝那覇〟と呼んでいた。首里中学校内で休み時間に交わされる「那覇に行こう」という会話がなんの違和感もなく成立していたのだ。

あれこれ原因を考えてみたが、どれも決め手に欠けるため、結局、真相は今もわからないままだ。あの日以来「那覇に行こう」は使わなくなったが、この一件は私にとって高校生活最大のカルチャーショックとなった。それにしても、21世紀となった現在でも首里地域の小・中学生は牧志周辺を〝那覇〟と表現するのだろうか…。

（宮城由香利）

↓ＭＡＸＹ、フェスティバル

那覇空港

私は空港の近くに住んでいるので結構遊びに行ってしまう。前の空港もこぢんまりとしていて好きだったけれど、観光客の増加に対応しきれなかったのだろう。今は国際線のターミナルになっているので、おみやげ屋さんの品揃えに和風色が濃くなった（浮世絵柄のはっぴとか日の丸の扇子とか）。新しい国内線の空港はけっこう広くて施設も充実している（ゲームセンターとかマッサージ屋さんとか）ので、ただ行くだけでも楽しめる。スカイメイトでキャンセル待ちをしていた時も、おみやげ屋さんをひやかしたり景色を眺めるだけでかなり時間がつぶれたものだ。沖縄に引っ越してきて3年目になるので、さすがに沖縄の森羅万象にも慣れたのだが、とってもへこんだ時などは空港に行くと、引っ越してきたばかりの頃の気持ちを思い出して元気が出てくる。しかし、飛行機から降りて那覇空港に入ると何となく甘いような匂いがするような気がするのだけれど、あれは何故なのだろうか。

（太田有紀）

那覇まつり

「えんやさっさよいやさ〜えんやさっさよいやさ〜なぁっはま〜つ〜り〜」という歌がTVのCMで流れ出す頃になると、なーふぁんちゅの若者はそわそわしだすだろう。「那覇まつりでデート」はなーふぁんちゅの憧れ。普段着る機会のない浴衣姿を好きな人に見てもらいたい、祭りというイベントを利用して好きな人とより親密に、など様々な思いが交錯する時期である。また、中学生・高校生にとっては親公認で夜まで遊び歩ける数少ない日でもあると同時に、かつあげに遭う確率がグンと高くなる危険な日でもある。中学生の頃、祭り会場でかつあげされたという話を何回も聞いたし、悲惨な人になると祭りへ向かう途中で全財産取られたという話もある。

　そんなほろ苦い思い出も淡い思い出も包

み込みながら、祭りの夜は更けていく。

（宇和川瑞美）

NAHAマラソン

国内最大の市民マラソン。2万人を超えるエントリーは日本一で、世界的に見てもトップクラスである。あまりのランナーの多さに、スタート時点で最後列にいようものなら、号砲とともに列が動き出し始めて実際にスタートラインを超えるまでに、30分ほどかかることもある。

那覇市をスタート地点に、南部を一周ぐるりと回る。県外からのリピーターも多く、もしかしたら冬の沖縄観光の目玉かもしれない。42・195キロを走り抜けるのは並大抵のことでは無理で、時間制限に引っかかるか、走れなくなってしまう。それでも走りつづけるのは、コース周辺の温かい声援があるから。みなさん、何時間でも拍手を送りつづけてくれる。中にはテントを出して、バーベキューしながら応援する方も。もうピクニック気分。そんな応援に励まされながら、南部路をほのぼのした気分で駆け抜けるのです。ぼくは裏方スタッフなんでバイクだけど。

（KGB）

↓おきなわマラソン、伊平屋ムーンライトマラソン

何でーかんでーくすかんでー

何で？と聞かれたら、返す遊び言葉。訳すと、「何で？かんで？くそ噛んで」という、相当ひどい言葉である。他に「う

なーに

そさーくそさーはなくそさーぷう」という言葉もあるが、今思い出してみると、昔はよく「何で?」とか「はあ?」とか聞きかえすことが多かった。まわりの子達もそうだった。それから、こういう、返し遊び言葉が増えていったのではないだろうか。

（玉城愛）

→「はぁ?」「ぷぅ?」

ナンデンシー

クワの実のこと。道ばたのナンデンシーの実を食べる人は、最近あんましいないみたい。クワの葉っぱって草っぽくて、他の木と区別がつきにくいことがありますよね。クワの実を探すためには、木じゃなくて地面を見るといいのです。熟した実が落ちて、紫色に染まった地面が目印です。こんなちょっとしたじんぶんのおかげで、大人になったいまでも、ふと子供に返ることができる春の一日なのです。（喜納えりか）

に

ニービチエイサー

最近、結婚式会場で余興のひとつとして踊られているエイサーが「ニービチエイサー」である。旧盆で祖先をあの世へお送りする念仏踊りとして踊られるエイサーは、「結婚式で踊られるべきでない!!」という先輩方が多い中でも、最近ではめでたい曲を選んで踊る青年会が多い。青年会は、友達や職場の人に頼まれて、エイサーを踊ったりする場合と、まったく新郎新婦と関係なく、依頼されて踊る場合とその状況はさまざまだ。見ていて心も躍るエイサーを、結婚式で見られるのは、嬉しいことだが、本来の意味を考えると結婚式には合わないのか？　あなたは、「ニービチエイサー」賛成派？　反対派？

エイサーで結婚する「エイサーニービチ」と混同されがちだが、迷ったら後ろの単語に重点を置くといいよ。このふたつの言葉。7月旧盆エイサーとひと味違う、現在のエイサー事情を表しているようで、おもしろい。

（與那嶺江利子）

↓エイサーニービチ、結婚式の余興

2000円札

無理に欧米を模倣して作られ、守礼門の裏には、みにくくちぎられた古い日本がいる。かのリリー・フランキー氏に「もう、守礼門でも、ちんすこうでもゴーヤーでもいいよ」と言わしめた2000円札。2000年に起こったすべての欺瞞が、あの15センチ×7・6センチの中に凝縮されている。どこでも持て余されてしまい、いつのまにかシレっと姿を消してしまった。そんなところまで同じだ。

（志堅原リリア）

↓サミット

女体体操

不思議なネーミングのダンスパフォーマンス集団。沖縄のクラブやイベント、様々なパーティー等に出没している。エキゾチックでエロチック、レトロでコミカルがステージコンセプトである。2002年、かぎやで風のパロディー版では「未亡人の一人ウンケー」をテーマにしたダンスを作った。また、ステージの他にも下着のデザイン展や、獅子制作、ショートムービーなども手掛けている。ちなみにわたしも女体の一人。沖縄の日常には、歌と踊りのパワーが満ちあふれている。沖縄の庶民文化に敬意を払い、現代のウチナー村芝居をやっているような気持ちで制作しているので、女体体操は感謝の奉納ダンス。私たちが、なやめる島人を癒してあげます。　　（金城智恵美）

女体体操・ステージが誕生する時

女体体操は20を超えるオリジナルステージがあるが一つ一つ細かなストーリーを持っている。そしてストーリーが生まれる瞬間とは不思議な事が起こるものである。中でも私が思い出深いのは初期メンバーで構成されたステージ「愛の伝書鳩」の練習中の出来事だ。当時学生だった私たちは大学構内の屋上で真昼間からあやしい音楽を流し、ステージの次の場面でどんな役がどんな展開をするのかを話し合っていた。あーだこーだと色々アイディアを出し合ううち「あぁ、私たちって愛を運ぶ鳥だったのね！」という結論が出た。すると次の瞬間どこからともなく小鳥が飛んできて目の前の塀にとまると美しくさえずり始めたのである。まるで「そう！あなたたちは小鳥さん、愛を運ぶ小鳥さん…」と賛同するかのように。こうして自然の恩恵を受け、元祖女体体操「愛の伝書鳩」は奇跡のように完成したのである。

（山城知佳子）

ぬ

ぬかせ！

ドドドン！ ドドドン！ ドドドドドドドドン！ 毎年恒例の運動会で鳴り響く太鼓の音にまじって当たり前のように発される声援。

「ぬかせ！」

　クラス対抗リレーで自分のクラスを応援するみんなは「もうちょい！ ぬかせー!!」と必死で声援をおくります。「ぬかせ」を日本語でいうと「抜け」なのだが、こんな感じのウチナーグチと日本語のハーフの言葉って気付かないようでけっこうあるもんですね。

（榮野比☆敬子）

→ちびらしい

命どぅ宝

政治運動用語の一種。沖縄芝居の役者からクリントン元米大統領まで、いろいろなシチュエーションで使われて、少々、いやかなり疲労気味の言葉である。

　県外のとある平和集会でまったく沖縄の事を知らない若い世代が参加していて、沖縄から来たその旗を見て一言「めいどぅほーって何ですか?」。そんな、脇の臭いが気になるじゃないですか。

　僕としてはこの言葉まだまだがんばってほしいので、リフレッシュさせるためにも、あの人に使ってもらいたい。ゴルゴ松本さん、ぜひあなたの「命！」で、「命どぅ宝」とやってみてください。なお、英訳は「ライフ・イズ・エブリシング」でお願いします。

（玉本アキラ）

は

「はぁ?」「ぷう?」

一種の言葉遊びだが、もう一度聞き返す相手に対して、「聞き返すな鉄拳！」的な言葉である。「ぷう?鉄拳」を食わされた方は、何だかむかつく。これが、エスカレートすると、わざと相手が聞き取れない言葉をぶつぶつ呟き、相手に「はあ?」と言わせる技もある。ただし、相手が「何?」などと上品に聞いてきた場合は、「ぷう」は使えない。「ぷう鉄拳」は、「はあ?」のみに適用されるのである。

（玉城愛）

↓何でーかんでーくすかんでー

はぁぷぅ団

人をいら立たせる言葉遊びの名作「はぁ?」「ぷう?」を名に冠した「はぁぷぅ団」。日々「はぁ?」と思うことの多い沖縄を、「ぷぅ!」と切り返して、自ら笑い飛ばしてしまいたい。そんな思いがこのネーミングに込められているとは、団長以外誰も知らなかったりするのだけど。

（喜納えりか）

はーやー

本当か? まじか?という意味。「はー」で疑問を残しつつ、「やー」で半分納得するという感じになります。 使い方「あにひゃー来月、内地行くってよ」「はーやー、まじか?」

（玉城愛）

バスレーン

朝の通勤通学と、夕方の帰宅時に設定されるバス専用道路。

おかげで、自家用車を使う人間は、より一層ひどくなる渋滞に巻き込まれるが、それに耐えられず、もしくは分からないで、バス専用道を走ると、反則金が取られる。

引っかかった人間は「那覇に始めて来たもんで」とか「免許取りたてで」など、いろいろ言い訳するが許してもらえたケースは聞いたことがない。そしてみんな「そっちが反則だ!」と逆ギレするのだ。（KGB）

バターフィンガー

今は日本製のチョコレートの方が美味しいけど、子供のころはお菓子はアメリカ製に限ると思っていた。板チョコといえば、全体的にこげ茶色っぽいイメージのHERSHIESか、白とブルーに赤の文字のNestleだったし、銀チョコといえばHERSHIESのあの涙がつぶれたみたいな形のもの。そんな中で、ひときわ目立っていたにもかかわらず、イマイチ手が出にくいお菓子がありました。それがバターフィンガー。

全長約20センチ、幅約4センチ。黄色い包み紙に濃いブルーの文字で「Butter Finger」と書かれており、ピーナッツバターみたいな味の黄色くて硬い本体が、ちょっとビター目な味わいのチョコレートにくるまれている。

なんと言ってもこの黄色い本体が「歯ーにむっちゃかる」。それに「フィンガー」という音から連想するのは、「ひんがー」

（ちなみにあの「フィンガー5」のことも「ひんがー5」と呼んだりしておりました）。「むっちゃかる」ことと「ひんがー」という音が重なって、正直なところ私あんまり好きではなかったです。この黄色い本体に金歯を持っていかれた人は少なくないはず。

　だけど、しばらくして外装の包材を変えたため、むっちゃかるはずがサクサクと口の中で崩れて、とっても美味しくなっていた。作った人は本当は最初からこういうものを提供しているつもりだったのかも。

　今は小さいサイズも出て、かえって板チョコや銀チョコよりも買いやすい。それに美味しい。それにしても、息の長いお菓子だわ。おばあちゃんになった頃、あたしの懐かしい味ってこういう食べ物になるのかしら。

（平良美十利）

ハッピーアイスクリーム！

　話している相手と言葉がカブった時に、すかさず「ハッピーアイスクリーム！」と叫ぶ。そして「123456…」とカウントを始める。10になるまでに相手は「ストップ！」と言わないと、アイスクリームをおごらなければならないのである。

　豊見城の友人は「サンキューアイスクリーム」と言っていたそうだ。聞けば、相手が「ペコポン！」とおでこをたたくとストップされるのだそう。また「ハッピーアイスクリーム！どんどん！」だったという人もいる。

「サンキューアイスクリームは言うけど、別にアイスなんかおごらないでよかった」という証言もあり、地域によってかなり違うようだ。先に「ハッピーアイスクリーム！」を言った方が主導権を握るスリリングな争い。同じタイミングで両方が言ってしまい、そのまま双方が10まで数え、俺が先だのいや違うだの丁々発止のやりとりの末、結局アイスは相殺されるのが常だったりする。しかしこの「ハッピーアイスクリーム」、言葉がカブった時の気恥ずかしさを解消するために生まれた技だと思うのです。なぜなら、ホントにアイスをおごったって話は聞かないのだもの。

　意図してかどうか知らないが、最近ブルーシールが「ハッピーアイスクリームキャンペーン」なるものを展開している。「え、アイスただで食べさせてくれるの?」と思った、食い意地の張った私でございました。

（喜納えりか）

↓パピヨン!

はての浜

はての浜。それは、砂だけの島。久米島の東の海にぽっかりと浮かぶ……いや、ぽっかりと浮かぶと言うのは変か。ひっそりと……いや、隠れてるわけじゃないから、ひっそりとも違うな。むしろ観光協会とかがアピールしてるからね。やあみんな、はての浜っていう砂だけの何もない島に行かないかい?ってね（ホントかよ）。

　しかしこの、はての浜。地元久米島の人は、どうもあんまり行ったことがないみたい。じつは僕も、その一人だったりして。もうすでに20年以上久米島にいますが、はての浜に行ったのは、まだ1回こっきりです。それも、ダイビングや、かわいい熱帯魚を見に行ったわけではなく……掃除をしにです。リゾートホテルで働いてたのですが、その時の仕事で行ったんですよ。あのステキなはての浜に、わざわざゴミを拾いに行ったんです！

　とまあ、はての浜には、そんなビターな思い出がある。そういえば、はての浜にトイレがあったのは驚きだったな。簡易式の。だけどあれ、台風が来るたびに壊れちゃうんだよね。それでまた、はての浜ツアーのスタッフが直さなきゃいけないんだよ。

（伊集盛也）

ハバ！

「すごいなぁ！」という時に、「あれよー、ハバやっさー」と使われる若者スラング。「ハバ！」と称賛された方だけでなく、この言葉を使う側にもちょっとワルっぽい雰囲気がただよう表現だ。ハバ＝幅ではなく、すごい、という意味の「はばくゎってる！」が縮まったものである。同義語に「そーがさい」「あらい」がある。

（喜納えりか）

ぱぴぷぺぽ

「ハーヒフヘホー」は、和田アキ子。「パーピプペーポー」はやんばらー。とにかく、やんばるの人の会話には「ぱぴぷぺぽ」が欠かせない。足は「ピサー」、山羊汁は「ピージャー汁」となってしまう。

　おならばっかりしている人は「プーピーヤー」、強がりばっかり言っている人は「パーピキャー」、とっても早く走ることを「ブチパイ」なんて言ったりする。が、使うときのニュアンスは世代や地域によって少しずつ違っていたりもする。「ブチパイ」

が「ソーパイ」になったり、「パーピキャー」が「ナイプー」になってしまったりする。

　だから、やんばるの人が那覇や北谷の街でおしゃべりしながら歩いていると、やたらと「ぱぴぷぺぱぴぷぺ」しているもんだから、「あい、この集団はやんばるの人たちだねー」とヒソヒソささやかれていることが多いのだ。やんばるから脱出して中部人ふーじーを気取っている私は、街中で「パピプペポ」してしゃべるおばちゃんたちとすれ違うと、「今度はいつ帰ろうかな」と思わず考えてしまうのである。嗚呼、サウダージ。

（友利祐子）

パピヨン！

同じ言葉を発すると、同時にお互いにつねり合い、先に10数えた方が勝ちというゲーム。

Aくん「今日、5校時ってよ?」
Bくん「はーやー」
Cくん「はーやー」

同時に同じ台詞を言ってしまったBくんとCくんは途端に、武蔵と小次郎の如く1秒でも速く先に相手の体をつねり「パピヨン1，2，3，4，5，6，7，8，9，10!!」と数え終わった方に勝利の軍配が上がる。しかし、勝ち負けにこだわるあまりに、次第にきちんと10まで数える人はいなくなり「パピヨン！ごにょごにょ10!!」がしまいには「パピヨン10！」に短縮されていった。このゲームに負けると、アイスクリームをおごらないといけない。しかし、それも口だけで実際にアイスクリームをおごったことはない（いつも負けてばっかりかい！）結果的には勝った優越感に浸るためのゲームだったような。うーん？　あれ？　今考えるともしかして、この流行語ってアイスクリーム屋の策略!?

（玉城愛）

↓ハッピーアイスクリーム！

はぶてくたー

ハブから身を守るために身につける防護布（?）。やんばるなど、ハブの出る自然の中に入るときは必需品、のはず。かまれても牙を通さない素材で作られており、足に装着してハブに備える。これさえあれば、どんな山の中、川の中に入ってハブに噛まれたとしても毒が入ってこないので安心して行動できる。しかし、その存在自体あまり知られておらず、私は琉大のワンダーフォーゲル部以外の人がつけているのを見た事がない。みんなハブが怖くないのだろうか。欲しい人は沖縄県公衆衛生協会で手に入る。手につける用もあって、こちらはちょっと値段が高めだ。

（野添博雅）

HabuBox

恩納村と北谷町と那覇市に店舗があるTシャツ屋ーで、プロジェクトコアという会社のオリジナルブランド。Tシャツづくりでは20年の歴史のある老舗だが、若手のデザイナーが企画、製造、販売を手がけるようになって、ここ数年からググッと味が出てきたという。

ここのTシャツは、まさに「たまらん」。それまで気づかなかった沖縄への視点、愛情、誇りなんかが、胸の奥からドワーっと湧き上がってきて、やけに元気が出てくる。普段強く感じていながら漠然としていることを、はっきり形にしてもらうことがこんなに気持ちいいと思い知らされる。そして、だれかれかまわずとっつかまえて「そうなんだよねー」と熱く語りたくなるし、この視点で沖縄を見てほしくなる。

作品（Tシャツ）の中では、自動販売機の前でタバコを吹かしくつろぐ琉球士族がいたり、屋根の上の断水対策水タンクがしゃれたワンポイントになっていたり。沖縄って言えば青い空、青い海。そんな決まりきったイメージを作りこむ必要なんてない。沖縄はそこにあるだけで、そのまんまでナイス！

Tシャツには1個ずつ「お題」がついていて、それがひとつの解説みたいにもなっている。例えば「沖縄の足2001」で描かれているのは銀バス。やられた。私としてはメッセージ的な要素のやつも好き。「25%について」は米軍基地施設の名称がTシャツの片隅にダーッと縦に並ぶ。それがキラリと光るデザインとして成り立ってしまうのだ。

沖縄で生まれ育っただれもが心の中に、自分の大切な「沖縄」を持っている。自分にとって「当たり前」で、だけどここにしかなくて、いつの間にか胸の中に刷り込まれている素顔の沖縄。それって実はすごいんだ、かっこいいんだ、それだけで一つのスタイルなんだ、そう気づかせてくれる。

単に沖縄全開の強烈な個性を出すだけでなく、ここまでかっこよく仕立ててしまうセンスに胸がすっとする。惚れる。まず行ってみー。

（岡部ルナ）

パンダ餃子

中国人コックによる中国式麺づくり＆餃子づくりがガラス越しに見られる、エンターテイメント性溢れるお店。じっと観察し、写真をとろうとしたら、恥ずかしがってなにやら中国語で呟きながら去っていった。ごめんよ、仕事の邪魔をして。

餃子は旨い！　しっかり肉が入っていて、口に入れると肉汁が飛びだしてきてジューシー♪　値段も安く、大勢でいくと更に安上がりになるかもね。

嬉々としていた矢先、壁面に張られているフシギメニューを発見。視力0・1の私が一瞬にして目にしたもの、それは「手品一品料理」。何じゃ、そのメニューはっ?!　さすが中国4000年の歴史。手品を目の前で披露してくれるのか？　そして何もないところから料理がでてくるのか？　あの流れるような麺作りの手さばきは、手品ワザにも活きてくるのか？　次々と浮かんでくる疑問……。

しかし、よくよく見ると「手足一品料理」だったのだが。そうであっても怖い。手と足が出てくるとは?!　何の手足?!　膨らむ妄想。高ぶる好奇心。……なんのことはない、豚足の煮付け料理(テビチのようなもの?)らしいです。ちぇっ。

(松ノ原　睦)

BUMP

国際通り、閉店した山形屋向かいあたりのビル地下にあった、もう伝説と言ってもいいかもしれないクラブ。本土や海外から、超有名なテクノDJをバンバン呼んでいた。石野卓球、デリック・メイ、ジェフ・ミルズ、リッチー・ホウティン…。もちろん、UFOなどのクラブ/ニュージャズ系や、HIP・HOPにロック、パンクなど多岐にわたり、さまざまなパーティーを行っていた。その中でもテクノ・ハウス系は、特に盛り上がっていた。

地中海に浮かぶスペイン領の島で、クラブカルチャーで有名なイビザという島があるが、「沖縄を東洋のイビザに」という合言葉も一部であったほどだ。途中からあまりのハイペースに慣れてしまうほど、ネームバリューのあるDJがひっきりなしにきていた。あの時期のBUMPは、確実に一地方にとどまらない、ハイレベルにいた。BUMPは3年ほど前に閉店してしまい、店のあった場所は別のクラブになっている。その前を通るたび、ディスコがカッコつけてクラブと名乗るだけではない「クラブカルチャー」が、ここ沖縄で熱病的に盛り上がり、幅広く定着しかけた瞬間を思い出すのである。

(KGB)

→火の玉ホール

ひ

ひーじーだろ

「普通だろ」の意味。最近はあまり聞かなくなったが、男の子はよく使っていた。使い方としては、『わー、宿題やってこなかったやっさー』『ひーじーだろ』。なんとなく、悪いことの運命共同体を結ぶ時に、よく使われていたような。

（玉城愛）

ビービー

中部の人は原付のことをビービーと呼ぶ。知人に理由を聞かれたとき、私は「わからんよ。みんなが『ビービー』って言ってたから。どうして那覇市の人は『原チャリ』とか『原チャ』って言うの?」と答えた。はっきりした答えを聞いた覚えはない。あとはどっちが変かという不毛な争いをしたような気がする。

劣勢に終わった私は未解決のままの『ビービー』の由来について、聞き取り調査をした。幼なじみは「ビービーって言ってたね。でもなんでかねぇ。『ビービー』って鳴るからかなぁ」と言った。宜野湾市民の先輩は「ビービーでしたよ」と証言してくれた。浦添市は「ゲンチャリ」。浦添市が境界線かと思いきや、名護市と宮古出身の方は「ビービー」と答えた。『ビービー』は確かに沖縄で使われていたのだ。那覇の友達が「うちのゲンチャがさぁ」って言った時、「げん茶」と思った私は、話がしばらくチンプンカンプンなんてこともありました。

（H）

ひ

日帰り受験

大学入試で初めて沖縄に来た、群馬県民だった頃のこと。試験は午後からだし、日帰りで受験できると考えた。飛行機の到着予定は11時半、試験は13時開始。始発の電車で家をでたら間に合うはず。当日、〝たまたま〟飛行機は予定通り11時半に到着した。大学まではバスで1時間弱だっていうし、余裕でしょ。でも実際は余裕どころか…。なぜなら、バスの待ち時間を計算に入れてなかったから。そっか、飛行機と接続してるバスなんてないよな。沖縄に着いて初めて気づくこっちもどうかと思うけど、それでも時刻表を見たら20分は余裕があるし、なんとかなるか。でも、発車予定時刻から5分経ち、10分たち。なんでバスが来ないんだ。焦りを感じて上着を脱ぎ始めた頃、ようやく向こうから、ゆっくりゆっくりバスが現れた。予想に反して、バスは快調に高速道路を走ってくれて、無事に大学入口までたどり着く。でも、その時点で10分前。しかも試験会場まで遠いこと。すれ違う人全員に場所を聞きながら、走っても走っても会場につかない。6人目に聞いた時、ようやく建物を指さして「あそこだよ」って教えられた時には汗だくだく。いま何月だったっけ。まあそれはそれとして、息を切らせながら講義棟に入って、席に着くと同時にチャイムの音が。ああ、間に合った。さすがに、ココまで来て受けられなかったら、洒落にならないところだった。でも、バスはともかく、飛行機が遅れてたらどうするつもりだったんだろう、ホントに。本土から沖縄の大学を受けるみなさん、日帰り受験はおすすめしません。

（野添博雅）

飛行機通学

もう8年前のことなので、今でもそうなのかは分からないんですけど、久米島高校では時々、飛行機通学する人がいました。

なんか外国の話みたいですけど、違うんです。土曜日に学校が終わってから（当時、土曜日はまだ休みじゃなかった）飛行機に乗って、那覇に遊びに行く人がいたんです。で、普通は、日曜日の最終便にでも乗って帰ってこなきゃいけないのですが、久米島高校生はマジメなので、そうはしなかった。日曜日もめいっぱい遊んで、翌日の月曜日、8時15分発とかの便で帰ってくるんです。

那覇から久米島へは、飛行機で30分くらい。空港から急いでタクシーに乗り直接高校に向かうと、10分くらいで着くので、無事、1時間目の途中から教室に入ることができるのでした。もちろん、1時間目の授業がイヤな時は、2時間目から入るのです。

（伊集盛也）

引っ越し業者

引越作業員から見る、とある引越会社の沖縄支店と本土の支店との違いをお教えしよう。

①単位がフィート

本土では何トントラックだとか立米、スペースといった単位が使われるが、船便が多い沖縄ではコンテナのサイズで値段が決まる。トラックに直接コンテナが乗ってるのも沖縄の特徴。

②休憩が多い

ずばり暑いから、作業中の休憩頻度は本土比2倍。その時に冷たい飲み物を出してくれると、やる気も2倍にアップする。
③タンスシートをよく使う
　タンスなどの大きな家具を直接手で持たずに、肩に体重がかかるシートを多用する。仕事が丁寧という事だけど、そのぶん時間はゆっくり過ぎる。

　他には、朝は天ぷら屋に必ず寄るとか昼食をスーパーの弁当で済ますとか。

　春が近づいてくると元バイトのところに電話がかかってくる。「3月が近づいてきたね。春休みどうするの？ 寒い内地で働くよりも、あったかい沖縄だよ。去年のメンバーもみんないるから。うーん、銭の話なんかするんじゃない。もう君はあたま数に入ってるんだから。就職活動が忙しい？ うちに就職したらいいじゃないか。待ってるよ」。

　やっぱり一番の違いはバイト代。経済格差ってこわい。

（野添博雅）

ヒッチハイク

　最近、国道で親指を立ててヒッチハイクしている人をよく見かける。車のない学生さんなどは、日常の交通手段にしているのだろうか…。ヒッチハイク好きなおいらとしてはできるだけ乗せてあげることにしている。

　名護に大学見学にきた女子高校生3人組を那覇まで送ったり、見るからに貧乏ちっくな旅人を拾ったりなどなど、その貢献度はなかなかのものだと思う。

　そんな中で「こりゃすげぇ～!?」という体験が、「突然スーパーでおばぁがだぁーにぃーにぃちょっと…」事件である（どんな事件やねん）。

　それはある夏の終わりの夕方であった。おいらのアパートの近くのスーパーでちょいと買い物した帰り、車に乗ろうとすると一人のおばぁが話しかけてきた。「だぁーにぃーにぃどこまで行くね?」「…うちに帰りますけど!?」

すかさずおばぁ怯みもせず「ちょっと、バス停ぐぁーまで乗せてぇ!」「…はぁ」ってもう乗ろうとしている。そんなこんなで思いもかけず名前も知らんおばぁとドライブに。しかも長田のバス停って最初は言っていたのに、結局、普天間三差路までだもの…。買い物でいっぱいのスーパー袋片手に「はぁっさ、バス代浮いたさぁーありがとね~」と路地裏に消えていった。

これぞ「沖縄流究極の地球温暖化対策」なのではないかとかなり深い解釈をしているおいらである。


(柚洞一央)

火の玉ホール

以前は牧志にあったが、現在は開南から与儀十字路へ抜ける通り、おきぎんの地下にある。県内でも長い経歴を誇り、クラブの先駆けといってもいいかもしれない。幅広いジャンルの音楽を網羅し、オープンマインドな雰囲気をかもし出している。世間では「火の玉行ったこともないくせに、おしゃれぐゎーしーさんけっ!」ぐらいのブランドイメージがある。まあ、ラブ・アンド・ピースってことで。

(KGB)

↓BUMP

冷やし物一切

沖縄の看板の定番。その思いっきりの良さでは一番であろう。言いきっちゃっている、その迷いなしぶりに、観光客がクラッとだまされるのもいたしかたがない。

「沖縄の看板っておもしろいよねー、直接壁にかいたりしてねー」なんて、だまされる方が悪いのであるが、もちろん本当に全て揃っていることは、ほとんどない。沖縄県民だったらみんな知っている。中にはオリオンビールしか置いてない「冷やし物一切」な売店だって許される。要するに、誇大広告なのである。場合によっちゃー、JAROに訴えられてもしょうがないのだ。

あっ、どうしよう。沖縄に生まれて40年、初めて「冷やし物一切」の違法性に気づいて、沖縄中の売店のおじさん、おばさんたちの将来について真剣に考えてみた。いつなんどき訴えられるかわからない、このせちがらい世の中で、○×商店を守るためのフレーズはこれだ。

「冷やし物一切?」

これなら大丈夫。冷やし物、ほんとうはあるかな、ないかなっていう消費者のとまどいまで表しているし、いっそのこと、

「冷やし物?」

と、扱っている商品に対する疑問を投げかけて見るのもいいのではないだろうか。

沖縄の看板シーンにワン・ストーンを投じる○×商店の登場を切に願うものである。


（新城ゆう）

ピレトリン

ネイビーグリーンの缶に、英語で何やら書かれている殺虫剤。そのデザインはいかにも米軍御用達、どんな虫も即死しそうだ。意外にも天然成分・除虫菊使用で、アメリカアースと呼ばれてもいた。ピレトリンのCMといえばコレだ。スーツに身を包んだアメリカ人とおばあさんが並ぶ。2人の手にはピレトリン。アメリカ人はピレトリンがいかに効くかを、流暢な英語（当たり前だ）で、説明する。おばあさんはそれををウンウンうなずきながら聞いているが、彼が話し終わったところで一言「いっぺー上等やいびーん」。上等であることを訴えれば、過剰な説明は不要。米人のアゼン顔が印象的な一本だった。

21世紀、ピレトリンのCMも様変わりした。現在は女児とおじいさんバージョンが放送されている。しかしそこでも女の子が「いっぺー上等やいびーん」と言うのだ。あの名ゼリフは健在だ。嬉しい限りである。


（喜納えりか）

ひんぐ

最近見ないもの。
肘の内側にひんぐのたまっている子供。

（喜納えりか）

ふ

ファッションキャンディ

宜野湾市大山のパイプライン沿いにあるお菓子屋さん。県内唯一のチョコレート工房を持つことで知られる。バレンタインデーが近くなると、ファッションキャンディがある通りはとてつもなく混み合う。皆、定評のある本格派チョコを買い求めにくるのだ。確かに、泡盛トリュフとか気になるけどもさ。コンビニに寄ったついででいいや。と思ってしまう、なんぎさーの私。

ちなみに会社名は、商品第1号の「キャンディレイ」（外国製のキャンディやチョコレートをカラフルなセロハンで包み、レイのようにしたもの）からきているらしい。

（松ノ原　睦）

フェスティバル

国際通りのど真ん中・むつみ橋交差点。たくさんの人々が絶えず行き交うこの場所にそびえ立つコンクリート打ちっ放しのモダンな外観。〝那覇ＯＰＡ〟として昼夜を問わず多くの若者たちでにぎわうこのビルは平成8年の夏まで〝フェスティバル〟という名称だった。ドキドキしながら初めて入ったディスコ（当時は決して「クラブ」などとは呼ばなかった）、初めてアルバイトをしたファストフード店（今では県内に2店舗しか存在しないドムドム）、そのバイト先の上司に勧められて初めて日本酒を飲んだ串焼きのお店もそこにあった。私にとってフェスティバルとは初めての経験を通して、大人への階段を一つ登ったことを実感する場所だった。

フェスティバルの十数年の歴史の中でいくつもの店舗が入れ替わってきた。「地下には…かつてTSUTAYAやコンドマニア（コンドーム専門店）があった」といえば、フェスティバルを知らない世代にはちょっとしたトリビアかもしれないが、同年代の皆さんには「あった！　あった！…」とうなずいていただけるだろう。

エスカレーター前の広場（というほど広くはないが）は今でも人でいっぱいだが、私がドムドムでバイトしていた頃も待ち合わせのメッカ（死語？）だった。当時は携帯電話が今ほど普及しておらず、ポケベルで連絡を取り合ったとしてもこちらから連絡するためには地下の公衆電話まで行かなければならなかった。そのため広場やドムドムの店内が待ち合わせ場所として重要な役目を担っていた。

先日、なんとなく見ていたテレビの中に衝撃的な郷愁を感じさせる風景が映し出された。それはNHK「あたらしい沖縄のうた」の中の『どこへゆくオキナワンボーイ』という曲。ぬけるような青空、行き交う人々、国際通りのむつみ橋交差点、そして…フェスティバル。そこに居合わせた数人は顔を見合わせ、「フェスティバルだ！」「懐かしいねぇ」「そういえばこの頃ってさぁ…」とそれぞれの思い出を語り合った。

建物の外観はそっくりそのままなので目に見えて何が違うというわけではないが、やっぱりフェスティバルとOPAは別のものなのだ。

　フェスティバルがなくなって7年の月日が過ぎ、街も変貌を遂げた。交差点の角向かいにできたスタバの窓にはコーヒー片手にゆくる人々が映り、ダイナハはダイエーへと名称を変えた（私はいまだに「ダイナハ」と呼んでしまうが）。そしてその先にある美栄橋駅からはモノレールが軽やかに走る。しかし、OPAとなった今でもあの場所には人々が絶えず行き交い、夜な夜な若者が集う。数年後にはその若者たちもOPAで過ごした日々を懐かしく思い出す日が来るのだろう。街にはやっぱりそういう場所が必要なのだ。

（宮里由香利）

プーカーボール

　100円ぐらいで売っている、色とりどりのゴムボール。三角ベースをするときの公認球と言って差し支えない。「プーカー」って語感が、あの軟らかさを的確に表現している。
（KGB）

プーひやぁの歌

♪たぁ〜がひったかやっ　プゥ！　世界一くささんどっ　プゥ！　たぁ〜やがやっプゥ〜ッ！…って歌をご存じですか？　かなりの定番ソングです。
　地域によって若干の違いはあるけど、もちろん誰かがおならをしてしまった時にみんなで歌うのだ。

なかなかおならする人が現れないときは、口で「プゥ〜」って音を出して「嘘プゥ」で歌ったり、席に座る時に椅子を床にこするときにでてしまう音がプゥに聞こえたら、「ぬれぎぬプゥ」で歌ったなぁ。

歌うほうは何回もひきずって歌うほど愉快だが、歌われてるほうはちょっと本気になるんだよね。やっぱり恥ずかしいからねぇ。

大人になった今、知らない人ばかりのエレベーターの中でもし、「プゥ」が聞こえたら！

…う〜ん。自分は歌える勇気ないかも。


（榮野比☆敬子）

ふ

ふぅん

「ねえ、前から聞こう聞こうと思っていたんだけどさぁ、その「ふぅん」ってなに?」

ある日、電話の向こうからそう問いかけてきたのは東京の出身だった私の彼だった。沖縄嫌いの彼とは本当によくケンカをした。やれ沖縄タイムだの、被害者意識丸出しだの、「沖縄問題精神論」をこいつに散々語られ、ちょっと勘弁してよ、と思っていたその頃のことだった。

「あなた、よく『ふぅん』って言うじゃん。『あのさ、ふぅん、今日さ、ふぅん、映画観に行ったわけー』とか『聞いてる? ふぅん』とかさ。自分で自分に相づち打ってる変なヤツと思っていたんだけど、なんかちょっと違うみたいだしさ。なんなのそれ?」

私はあっけにとられてしまった。なんなのそれって、そうだよなあ、なんざんしょ。そういやあやたらふんーふんー言ってるわー、あの鼻にかけて言うやつでしょう? 記述に苦しむような発音のね、とさっそく調査に乗り出した。ま、調査っていっても紙と鉛筆を手に独断と偏見で考えただけなのであしからず。

①幼稚言葉系

ないち語で言えば、「あのね、今日ね、あたしね…」の「ね」にあたる。リズムとってんのかなあ。語感はあくまでも軽やか。

②語りかけ系

人を呼ぶときに使う。ないち語では「ねえ、ねえ」。同義語「えー」。ただし「えー」は単独でしかもしゃべり初めっから使える。これに対し、他の言葉などの後に2、3回続けて使うことが多い。「あれどうなった？ ふぅん　ふぅん」。

③質問強化系

こっちの話を相手が聞いていないと見受けられた場合に「聞いてんの？ ちょっとあんた！」的ニュアンス。語感強め。

④独立代用系

質問はまあいろいろあるわけだが、その質問をこのひと言で代用してしまえる。リピートって感じ。語尾に「てば」がつくことあり。「今日食事に連れてってくれるって言ったさあー。ふんーってば！」

ふーへ

と、大きく4つに分けられた。②、③、④は多少区別がつきにくいかな。というか、区別する必要があるのかいなって感じもするけどさ。いずれも相手の返答を促してるしね。でももしあなたがウチナーンチュであれば、分けたくなる気持ちも理解していただけるのではとずーずーしく願いつつ、「ふぅん」の調査を終えた。

★

それをさっそく彼に報告。「へえ、なるほどね。じゃあ①番の「ふぅん」は要するに甘えてるわけか。…お前、よく使うよな」。オイオイ、また憎まれ口たたくのかよこいつ、と反撃しようとしたら、「かわいいよな、お前の『ふぅん』」と彼。
あの時確かに、面食らった私の頬はポッと薄紅色に染まっていただろう。私の真似をして「ふぅん、ふぅん」を連発する彼と2人でゲラゲラと笑った。沖縄嫌いの彼に、私もひっくるめて、少しだけ沖縄を好きになってもらえたような気がした。思えば「ふぅん」はごく親しい仲でしか使えない。それに沖縄の人間に向かってあそこまで悪口言ってたあんたは私に心を開いていたのかもしれない。あの壮絶な激論のお陰で私は、アイデンティティーとかオキナワンスピリッツとか真剣に考えるようになった気がするしね。今はもう恋人同士じゃないけれど、感謝してます。…聞いてるかねえ、ふぅんー？

（ジョーズ）

復帰

(港のヨーコ風味でお読み下さい)

「ドルから円になった頃だって? 髪の長い女と神だーりーの女は、ここにはたくさんいるからね。基地はそのまま、借金は肩代わりさせたって秘密の約束したらしいが、悪いな、他を当たってくれよ」

チャラッチャチャチャチャチャン!

「あんた、沖縄のなんなのさ」

車は左にお金は値下がりー!(新城ゆう)

不発弾

まだまだぞくぞく出てくる、沖縄の悲しい年間風物詩「不発弾」。沖縄戦で誰かが落とした爆弾の数から一定の割合で発生したとされる不発弾の数は、撤去されるまであと「50年」かかるらしい。でも何年か前も「あと50年」と言われていたし、もしかして増えているのか?とさえ思ってしまう。アフガニスタンもイラクも不発弾で苦しむことになるだろう。

自衛隊のみなさん、永遠に続く50年の不発弾処理、海外に行っても続けるつもりなのでしょうか。

(K・ぼねが)

へ

ペリーと沖縄

沖縄とアメリカ海軍ペリー総督との仲は、僕たちの予想以上に深い。那覇の小禄に秘伝の餅の作り方を教えて、ひそかに立ち去ったことはあまり知られていない。その餅は「ペリー餅」として今も小禄のペリー、いや山下町で味わうことができる。さらに当時としては画期的なスーパー形式のまちや小を設立し、今でも那覇の波上と山下町に「ペリースーパー」として存在している。(ちなみに初来沖時に、海軍乗組員のひとり「ボート」は、那覇でレイプ事件を起こしている。あっ、これはホント)。

その業績をたたえて那覇市は、2001年ペリー祭なるものを計画し、アメリカ軍の協力を要請したくらいである。その時はあ・い・に・く、かの地で不幸なテロ事件が起こり、祭りは自粛せざるを得なかった。そして今年またまたペリー祭なるものを那覇市は計画すると、ま・た・ま・た、アメリカ軍を中心とした「非国連・国際軍」が戦争を始めた。ペリー提督は沖縄を補給基地にしたいと考えていたらしいが、その計画は100年後、沖縄戦とともに実現されて、今日にいたる。ペリー、青い目のペリーたちよ。

(新城和博)

ヘリコプター

私が子供時代をすごした具志川市では、上空を飛んでいるヘリコプターは「写真を撮りにやって来ている」という話が語られ、だれも信じて疑わなかった。ヘリが飛んできたら、子供たちは何をしていても顔を伏せ、時には手で頭をおおい隠したりしてたのである。

幼稚園の頃の話だ。円になって手をつなぐダンスの最中に、ヘリコプターが上空を飛んできた。ところが隣の子と手をつないでいるので、だれも頭をおおうことはできない。ヘリは飛び去り、ダンスの音楽も終わった。とたん、「カシャカシャ（シャッターの音）って聞こえた。写真うつされたはずー」と、みんなで輪になってワンワン泣いた。

「あのヘリコプター、上から写真撮っているばーよ。顔がばれたら大人になった時

アメリカーにキチの中にさらわれて、掃除とか洗濯とかさせられて働かされるばーよ」。基地従業員になるための専門学校までできてしまう今なら、ヘリコプターが飛んできたら顔を上げる人もいたりして。

（喜納えりか）

変なー

「恥ずかしい。照れるー」という意味。地域によっては「あひー」「あふぁー」「ばひー」という風に使うところもある。場に合わないようだが、告白したり、されたりするときにも、この言葉が使われることが、結構ある。「あ、あのさー、うちさー、うんとさー、あーもう変なー、どうしようー。○○のことが好きってば」という具合に。

そして、告白された方も、「はあー？　でぇじ変なー。ありがとうー」となる。なんとも、恥ずかしがり屋で照れ屋のうちなーんちゅらしい光景ではないか！　でも、「変なー」と公言してしまうことで、逆に積極的に前へ出ている感もあるが。通常は、褒められた時や照れくさい時の、逃げの言葉として使われることが多い。（玉城愛）

ほ

包括的なんくるないさ禁止条約

現代沖縄のあらゆる局面で「なんくるな

いさ」の乱用を禁止した条約。「なんくるないさ」は、「思い詰めて考えないでもどうにかなるさ」という沖縄人の思考様式を表現するキャッチフレーズとしてあまねく広がっている。誤解をおそれずに言えば、沖縄楽園幻想の拡大に一役も二役も買っている言葉だ。

　基地があっても「なんくるないさ」、海が埋め立てられても「なんくるないさ」、仕事がなくても「なんくるないさ」。なんくるならないことの方が多い最近の沖縄において、この言葉はどうにもこうにも能天気に響く。「光」の部分とは裏腹に、「影」の部分に隠されたものも多い。ホントは「なんくるないさ」なんて言ってられないんである。

　と、わたし独りがムニーしてても、テレビでは沖縄出身有名人が「なんくるないさ」と笑顔がキラリ☆　県外出身の歌手が歌う、タイトルもそのまんまの「なんくるないさ」もヒットしているという。条約の批准はいつになるやら。

　あるいは、山積する問題がみごと解決し、気持ちよく「なんくるないさ」と言える日が来て、こんな条約など批准しなくてもよくなるのかしら。

（志堅原リリア）

→ちゅら拡さん防止条約

ホッパー

正式名称ホットスパー。言わずと知れたコンビニチェーン店のひとつ。最近俺はノーベル賞級の大発見をした！　それは「ホッパーにヤンキー溜まる説」だ！

現在沖縄のコンビニは「ローソン・ファミマ・ホッパー」の三本柱だが、たいがい商品の違いでお客の好みのコンビニが決まる。しか〜し！ヤンキーは問題外！　彼らはホッパーの「赤に白抜き看板」に吸い寄せられるのだ！（ちなみにドカターにも同じ現象が見受けられる）。

おそらく青や緑のコンビニでは上品すぎて落ち着かないのであろう。ミキハウスやバッタモンベルサーチズボン好きのヤンキーはホッパーの看板が闘争心をくすぐる「赤に白抜き」な限り溜まるのです！　夜露死苦！

（友寄司）

ポップンロールステーション

87・3MHz。夕方7時にFM沖縄にチャンネルを合わせると、元気いっぱいのねーねーとにーにーがしゃべっていた。

そう、「ポップンロールステーション」だ。パーソナリティは、ロバート、シェリー、ダン、マスミの4人で、だいたい月・水・金はロバート＆シェリー、火・木がダン＆マスミだった。メインの放送もおもしろかったけれど、15分しか放送されないミニコーナーもおもしろかった。特に印象に残っているのは、「ぽってかすーのくるからよ〜！」だ。お笑いコンビの「ぽってかすー」が、県内で一人暮らしをしている若者の部屋にお邪魔するというだけのコーナーだったのだけれど、素人を相手に奮闘しているぽってかすーの2人の様子がリアルに伝わってきて、とてもおもしろかった。

それから、「ウチナーグチ講座」もおもしろくて、とても勉強になった。耳あたりのいいおしゃべりと、ぐっとくる絶妙な選曲。あのころが懐かしい。

（友利祐子）

墓庭のステージ

私は「墓庭の女」というタイトルで墓庭でひたすらダンサブルに踊りまくっている自分の姿を映像に撮って現代美術として発表している。私にとって沖縄独特の墓庭はステージのように光り輝いて見える場所だ。ステージのように感じてしまったら、あとはもう踊るしかない！　しかもあちら側のオジィもオバァも一緒に大歓迎のカチャーシーフィーバーだ。そうか、墓庭って踊るためにあったのね。沖縄の先祖崇拝の精神から生まれた墓庭という空間は、いってみればあちら側とこちら側の社交の場。いろんな人達が出会えばカチャーシー、の楽しい空間だったんだ！　そんな空間を墓庭として造っちゃったウチナーンチュの造形感覚はすごい。最近の新しいお墓は土地不足なのか、先祖崇拝の信仰が薄れてきたのか墓庭がめっきり小さくなってきた。けれど、踊るためのスペースはぜひぜひ確保したいものだ。
（山城知佳子）

ポンポンおじさん

初めておじさんを見たときは衝撃だった。部族の酋長を連想させる冠を載せ、家財道具かと思われるたくさんの荷物を載せた大型バイクに、軽くもたれながら読書し

ている姿は見る者の目を奪う。私は思わず立体交差の柱に車をぶつけてしまいそうになった。バイクひとつであちこち移動しているようで、休んでいるのは高架橋の下などが多い。糸満の出身だという話があるが、定かではない。私の友人はおじさんと話したことがあるという。10年程前、営業で北部を回っていた友人は、車をとめておじさんに何をしているのかと話し掛けた。おじさんは「友達を作っている」と答えた。「じゃあ、俺が友達になるよ」というと、おじさんは怪訝な顔をし、友人がいろいろ質問しても聞かぬふりをした。おじさんはずっとイヤホンで『サインはV』のCDを聞いていた。しばらく時間がたったあとでおじさんは「本当は外人の友達が欲しかったのに……」と寂しそうに言ったそうだ。誰か外国人の方で、おじさんの友達になってもいい人はどうぞ声をかけてあげてください。

（比嘉辰子）

ま

前島アートセンター

アートが大好き！見るのも作るのも話すのも！というあなたはぜひ一度前島アートセンターを覗いてみるといい。前島3丁目の旧高砂殿ビルを、民間主導の美術、芸術、文化活動の拠点に作り変えようという目的で、2001年3月に那覇市前島3丁目に設立された特定非営利活動法人が「前島アートセンター」です。さびれた歓楽街に突如現れた、県内初のオルタナティブ・アート・スペースとして、今までにない試みを行い続けています。

　美術作家や建築家、デザイナーやミュージシャン、ダンサー、さらにはUFOと石の研究家、大学の教授や医者まで！　様々な分野で活躍しているアーティスティックな人々がギャラリーのアート作品を鑑賞し、隣のカフェでコーヒーとアート話でゆんたくしている。美術を中心とした沖縄の新しい文化の発信地として、また、様々な新情報が集まる刺激的な場所として地道に、一歩一歩できることから活動を展開しています。まさにアートのおへそがここにあり！という場所なのです。

　また、アートがコミュニティーの再生にどのように役に立つのか、という実験的要素を含んだ場でもあります。今来た道にはほとんど人通りがなかったのに、扉を開けたとたんそこにはアートが好きでオシャレでという人がたくさんいて、デートしながらアート鑑賞してたりする。それだけ日常の生活の中にアートが浸透し、身近に楽しむようになってきたのでしょう。

　まだ行ったことのないあなたもぜひお気に入りのアーティストを発掘してはいかがでしょうか。　（宮城未来＆山城知佳子）

MAXY

〝♪ファ〜ッションシ〜ティ〜MAXY〜〟

　このフレーズを口ずさむことができた方、あなたは確実に十代ではありませんね？　MAXYは友だちと出かける際には必ず立ち寄るスポットの一つ、教室や体育館以外でのもう一つの青春の思い出の場所なのだ。

　小学6年生の頃、日曜に友だち8人と那

覇へ出かけた。東宝劇場（現在の三越の辺りにあった映画館）で『タッチ』を見て、定番のMAXYで遊んだことも懐かしい。中学校のころは、小学校の同級生と1階のパーラーでジュースを買い、空いている席でおしゃべり。楽しく時間は過ぎていった。

数年前〝MAXY倒産〟のニュースを聞いて、同年代の同僚たちと「寂しいね」と話していた。過ごしてきた場所が違っても、那覇近郊で育った私たちにとってMAXYはそれぞれの思い出の場所なのだ。現在、MAXY再建に向け着々と準備が進められている。リニューアルオープンが実現すれば、また多くの若者たちが集うにぎやかな場となるだろう。MAXYでの思い出を共有する一人として、MAXYがあの頃のような活気を取り戻すことを心から願っている。

（宮城由香利）

↓「那覇」、フェスティバル

牧志公設市場

県民の胃袋といわれて久しい牧志の公設市場。しかし、私はまだ2回しか行ったことがない。ドキドキの1度目はつい1年前。ヤマトゥンチュとウチナーンチュを瞬時に見分ける才覚にたけたおじさんおばさんに声などかけられるわけもなく、かといって刺身等々を「いやー、やっぱり死にたては新鮮ですな」と悦に入りながら買う気にもならず、おばさんたちと楽しく語らう観光客を尻目に、すごすごと退散した。2回目は本土から来た知人を連れて行った時。観光地でしか見かけないチラガーを「沖縄では豚は鳴き声以外は食べるんだよー」と紹介し、皮をムかれたハリセンボンを指さして「これ、2階に持っていくと料理してくれるんだよー」と勧め、真っ青なイラブチャーにビビる知人に「こんな色でもおいしいんだよー」と、ガイドブック等で後天的にさんざん刷り込まれた知識に基づいて市場を案内。「公設市場は私の胃袋」とまで言いかねない始末であった。（喜納えりか）

牧志公設市場の2階

市場の2階で食事をするようになったのは、90年ごろからだった。それ以前のあそこは、買い物帰りの客が行くところであって、その頃のワタクシのような若者（当時）が出入りするような場所ではなかったし、なにより観光客が沖縄の大衆食を嗜好することはほとんどなかったのだ。というか小さい頃から市場は普通に買い物に連れられてくるところ（つまり荷物持ち）であって、市場はただの市場にすぎなかった。ところがだ。ある日、ここはおもしろい場所ではないだろうかと思いはじめて、足下を見つめるがごとく頭上を見上げたら2階の食堂を「再発見」したのである。エレベーターで昇れば、あっというまに「沖縄」を俯瞰できる場所だったのだ。最初通い出した時はまさに穴場を見つけたようなもんだった。それほど混んでなかったし、数名で行っていくつかのメニューを注文してかるーく昼間から宴会もこなせるのであった。いい気になって僕たちは「市場はおもしろいよー」と書きまくった……。10年後、僕は市場の2階の片隅の一角、そこは地元の人間が多く集まる店で、食事をしている。いつのまにか、地元客、観光客の住み分けが市場の2階ですすんでいた。どうすりゃよかったのか、僕には分からない。レモン・ジュースのおじさんは変わらないで、いつも「すいません、やすんでいってくだ

さい」と言ってくれる。そんなに謝らないでください、くぅー。

（新城和博）

松山のキャッチ

「武蔵野を歩く者は道を選んではいけない」と武蔵野の手つかずの自然を称賛したのは国木田独歩だが、沖縄の夜の歓楽街、松山を歩く者も道を選んではいけない。ていうか、選ぶ必要がない。タクシーを降りた瞬間、黒服のキャッチたちがわんさと押し寄せてきて、「お客さん、飲みに来たんですか」「お客さん、スナックいかがですか」「お客さん、いいコいる。新人入った」「お客さん、うちに決めた方がいい。静かなラウンジ風の店」「お客さん、80分4000円、乾杯ビールもつける」「お客さん、僕が最初に声かけたでしょう。うちに決めて」と繰り返すからだ。そう、それはまさに空港を出た瞬間物乞いがどっと押し寄せる熱気うだるアジアの縮図、純真だったかつての僕はいずこへ、という感じなのだ。

とりあえず静かなラウンジ風の店へ行ったのはさておき、不景気のあおりを受けてか、今の松山、明らかにスナックの供給過多だと見る。店の数に客の数が追いついていないのだ。松山中央部にある恐らく県内で最も忙しいであろうローソン、深夜にその前にたむろしている人々の半分以上が、キャッチだ。実に住みかを追われたストリート・チルドレン状態。で、一人に捕まると周囲のキャッチが芋づる式に取り囲んできて4、5人以上で「お客さん」「お客さん」。これに毎度圧倒される。これではせっかく「今日は新しい店でも発掘するかあ」と張り切ってやって来た客も、わらわらいるキャッチ群との交渉がわずらわしくなり、結局馴染みの店や人気の店に流れる、ということになりかねない。ていうか事実そうだし。最近の接客業のマニュアルにも、「客が向こうから話し掛けてくるまで声をかけるな」という項目があるって言いますよね。

　というわけで、過当競争なのは分かるけれど、松山を歩くうえでの道しるべであるキャッチの方々には、枕詞のように「お客さん!」をただ連呼するだけでなく、もうすこしユニークかつオリジナリティあふれる客引きをお願いしたい。

　で、具体的には「お前さん!」「お前さん!」とか呼び込むキャッチがいたら面白いんだけどなあ。もう、お店に入らずに即帰宅ですよ。ほら、奥さんの顔思い出すから。それじゃあ意味ないか。　（カリイ）

丸市ミート

「♪育ち盛りはわんぱくさんっ! わんぱく盛りはハラペコさんっ! いきいきけんこうごきげんさんっ! 食べるっ笑顔っ丸市さんっ! 丸市ミート! ジャンジャン!」

「笑っていいとも!」を見ているお昼時に流れるこのCM。野球少年、陸上少女たちが、ひとしきり運動をがんばったあとに、みんなでバーベキューを囲む。特にほっぺたがプクプクしていそうな、丸っこい野球少年が肉をほおばるシーンが最高! このCMの影響だろうか? 大きな大会前の部活の激励会はたいてい、バーベキューだったような気がする。ビーチパーティーのバーベキューシーンではなく、スポーツ少年団のそれをCMに起用するなんて、なーんてズルイんでしょう!　（友利祐子）

まーむ

★

丸市ミートのCM。運動の後のバーベキュー。そのコンセプトは昔から変わらなくて、今は野球編だが以前はトライアスロン編だった。

…が、おかしい点が一つあるのだ。このCMのツッコミどころ、それは鉄板で焼かれている肉と子供たちが食べている肉、肉の厚さが明らかに違うことだ。鉄板で焼かれている肉は、肉厚2センチ程の「ステーキ」レベル。ところが場面変わって子供たちが食べている肉は、肉厚5ミリ程度の「焼肉」レベル。どう見ても、さっき焼かれてた肉と違うよねそれ、という感じだ。誰がいつ取っ替えたんだそれ、という感じだ。そんなこと疑いもせず「焼肉」を美味しそうに食べる子供たちの姿は微笑ましいが、結局「ステーキ」は大人の胃袋に収まったのだろうか、と邪推せずにはいられない。

（カリイ）

丸大スーパー

スーパー激戦地区の沖縄において、独特の輝きをごく一部に放っている「丸大スーパー」。県内に数店舗あるらしいが、どの店行っても独特の磁場があり、マニュアルを感じさせない品揃えの大胆さが堪能できる。商品の色使いがね、まちや小がまんま大きくなった感じなのだ。仏壇直通のお菓子やお総菜って感じですね（なんのこっちゃ）。通路に山積みされた「麩」を見たときにそう感じました。僕の当面の目標は「丸大カード」（あるんです）を手に入れることです。

（新城ゆう）

→クイーンストア、サンエーカード

む

無限

アンディ・フグもトレーニングを積んだ平仲ジムが主体となり、県内のボクシングジムのボクサーがリングに上がる「無限」というチャリティーイベントがある。そのイベントは島しょ県である沖縄のボクサー達に試合の経験を与える目的と、沖縄という島だけにとらわれずに「世界に向けて無限の可能性を開花させてほしい」という願いを込めてネーミングされたという。平仲ジムの前にはとよみ大橋が架かり、その下の湿地は、渡り鳥の飛来地としてラムサール条約に認定された。渡り鳥が羽を広げ、エサを捜し飛び回るその延長線上に、那覇空港に離発着する旅客機が、高度を上げたり下げたりしているのが見える。

「ここからどこへでも行けばいい、そして何処からでもここを目指して来ればいい」。かつて大江健三郎が母に言われたという、そんな言葉が思い浮かぶ。（大城篤）

↓とつぜん！豊見城対決

むっちゃかる

「たっくゎる」よりもう少しネバり度が上がると「むっちゃかる」になる。例えばムーチーとサンニンの葉っぱがくっついて離れないときは「むっちゃかる」。ガムが歯ーに「むっちゃかる」。自分の手などにモチモチ・ベタベタしたものがむっちゃかってしまい、ちょっぴり不快な場合は「むちゃむちゃする」と表現する。うーむ、うまい表現だ。しかし知ってた？「むちゃむちゃ」って日本語じゃないんだよ。

（喜納えりか）

↓たっくゎる

むとぅびれー

21世紀に残すべきしまくとぅば、である。「はだがなさ」と「シーの一番」で対戦させたいほどだ。濃厚な戦いが期待できそう。

ぶっちゃけ、あっさり簡単に要領よく今の言葉でずばり言えば、「元カレ、元彼女」という意味だが、なんかまったく意味あいが違う気がする。例えば、50歳、60歳、いや80歳になっても、充分使える言葉なのである。「元カレ、元彼女」というと、なんか昔「所有していた／されていた」という関係性が付随している雰囲気もあるが、「びれー」とは「付き合い」の意味であり、なんか対等な感じがするのである。しませんか。僕はする。「私のむとぅびれー」と他人にさらりと紹介できる、さわやかに立ち枯れた関係って、結構あこがれる。むむむっ、「あれーよー、むとぅびれーやんどー」と言えるくらいは長生きしたいものである。

（玉本アキラ）

むにー

独り言の意。どぅーちーむにーが短く縮まったネオうちなーぐち。私は小さい頃、所かまわず、よく〝むにー〟していた。一日の会話の半分以上がむにーだったような……。

　部屋で〝むにー〟トイレで〝むにー〟、学校で〝むにー〟、友達の前での、無意識〝むにー〟。むにーに半ば蝕まれていた私を救ってくれた（?）のが、当時小学校3年生のお友達の衝撃の一言である。「むにーしている人のところには、幽霊が寄って来るってよ!?」（※更に、眉毛がつながっていたりしたら、もう最悪ではないか！　地獄絵巻だよ……）

　彼女の話では、〝むにー〟をすると近くにいる幽霊さんが、てっきり自分に話しかけていると思い込み、そのむにーをしている人の側から離れないとか。
　そんな、お友達からの親切な忠告を聞いた私は、いつも側に、幽霊さんがくっついている自分の姿を想像すると恐ろしくなり、とにかくまず、一番楽しかったトイレでむにーをすることをやめ、そして、学校・家でと徐々にむにーを減らして、めでたく〝むにー〟断ちしたのである。
　大人になった今でも、時折、むにーに冒されている人を見かけるが、私は心の中で「知らないよ。取り憑かれるぞ」と真剣に思っている。
（玉城愛）

紫の鏡

小中学生の頃、「紫の鏡」伝説が流行ったのだが、あれは沖縄限定だったのだろうか。伝説自体は他愛のないもので、「20歳になるまで『紫の鏡』というコトバを覚えていると死ぬ」というもの。ハタチを超えた今となっては笑い飛ばせる代物だが、当時は「え、死んじゃうの？」と、漠然とした不安にさいなまれた記憶がある。それを打ち消すかのようにかつては友達の間で「紫の鏡紫の鏡！」「紫の鏡紫の鏡紫の鏡！」と大声で連呼し合っていた。みんなホントは怖かったのである。他愛ないなあ。

　で、近年その成人式での暴れっぷりが全国ニュース級の沖縄の新成人。その予備軍である県内ハイティーンに、将来に対する不安をしっかりと持ち、おごそかな気分で成人式を迎えてもらえるようにこの言葉を捧げておきたい。

「……紫の鏡！」

（カリイ）

↓たーが　しーじゃやみ

無理やり！こどもリクエスト

ラジオ沖縄の午前中の番組「サン・サン広場」。DJ島袋幸子（ゆきこ）、月曜から金曜朝10時から12時までの、2時間生放送だった。じつはもう放送が終わってしまったのだが、僕にはとても気になる点があった。そんなに面白いのか？というと、いや、そんなことはない。いたって普通の番組だ。週5日聴いていたのに内容がまったく思い出せない。正午前の、ラスト10分を除いて。そう、この番組は、オープニングから11時49分までは前置きにすぎない。11時50分から始まる「もしもしこどもリクエスト」から、本当のサン・サン広場が始まっていたのだ。

　このコーナー、すごいんですよ。リクエストお待ちしてますって言いながら、子供からのリクエスト、一切受け付けません。幸子ねーねーが優しく拒否します。いつもスタッフが、3曲だけ童謡を用意してるのですが、その中からしか選ばさないんです。で、幸子ねーねーとおしゃべりできるのは、時間の都合上2人まで。たまーに、3人目に突入します。でもそうなると3人目は大変です。曲は3つしかないのに、1人目、2人目で使った曲は、もう流しません。だから、残った曲は一つ、選ぶも何も、もうこれしかないんです！　参りました！って感じです。幼児独特の何言ってるか聞き取れない言葉と、一生懸命格闘する幸子さん。こいつは、究極の漫才だと思ったものでした。

（伊集盛也）

め

めーさー

男めーさーは「男好き」、女めーさーは「女好き」の意である。

　学生の頃は、男女の区別がはっきりしていて、やたらと女子と話をする男の子は「女めーさー」、男子とよく話をする女の子は「男めーさー」と言われた。中学校の頃、大城ひろふみ（仮名）君を「ひろふみー」と呼んでいたのが悪かったのか、お昼休みに女友達に呼ばれ、「大城と結婚してるのー？　結婚している訳でもないのに、何で下の名前で呼ぶわけー」と変な因縁をつけられたことがある。しかし、この「めーさー」は、各地域で「めーさーレベル」が異なるため、同じように振る舞ってても、こ

こでは普通だが、所変われば、めーさー扱いされる、ということがあるので、ご用心。（玉城愛）

メリケン粉かけ

3月のある日、近所のスーパーで「学生のお客様への小麦粉の販売はお断りしています」という張り紙があるのを見た。そっかぁ、いまの子どもたちも卒業式にメリケン粉をかけ合っているんだなぁ。沖縄でこの風習が始まって、もう20年以上になる。その間、もっと違うハジけの表現は出てこなかったものかと思う。メリケン粉をかけ合うことについて、飽食の現代社会、「食べ物をムダにするからやめなさい」というのは説得力に欠けるし、制服が汚れてみっともないというのは大人の意見で、当の子どもたちにすれば、白くなっていない方がみっともないんだろう。

だが、メリケン粉まみれで道を歩く卒業生たちが、使い古された手法で慶祝や反逆をアピールする姿を見ると、純白でいられるのも今のうちだぜー、ふっふっふ、と思ったりする。そんな春だ。（喜納えりか）

も

もあらー

僕はここだけの話だが、模合をしたことがない。沖縄人の風下にしかおけない程度の、ちっぽけな奴である。だから模合を語る資格はないのであるが、まわりは、複数の模合をこなしている人が結構いる。いったい幾つくらいやっているのかと訪ねたら、「うーん、最高七つ……」という人がいた。大体4、5日に1回の割合でこなさなくてはならない。郷友会、婦人会、同級生、サークル、なんか友達みたい、ほとんど飲み会みたいな……などなど。沖縄人やれー、模合のてぃーち、たーちぇーや当たいめーてー……ということらしい。しかし5つ以上やっている人となると、なかなかいないだろう。というわけで、5つ以上の模合を続けている人を、僕は畏敬の念を込めて「もあらー」と呼ぶことにしている。

（玉本アキラ）

もーあしびー

幼い私におばーが言った。「もーあしびーはさっこう楽しかったさー。今はもうないから、ちっちぃ達の時代は、かわいそうだね～」。がーん…そんな、できない私たちがかわいそうなほど、楽しいもーあしびー…。おばーの青春時代、特にヤンバルの農村では、もーあしびーが盛んで、若い男女が集い、歌や踊りや、恋なんかも生まれちゃったりしたそうです。楽しそう…。でも、もうできないんだぁ…くやしいなー。

　でも、きっとどこかにもーあしびーの神様が息を潜めているはず。沖縄の民衆から立ち上がった文化はもっと根強いはずだ。沖縄のクラブやイベントや、ライブなんかにも！もしかしてグソーに行った私のおばーが、もーあしびーの神様になっているかもしれない。

現代のもーあしびーを復活させる気持ちで、私はクラブで女体体操という踊りのイベントを行い、歌を創り、踊りを創る。

（金城智恵美）

↓女体体操

モンゴル800

沖縄音楽界の、ホントの救世主（やとわれてない方の）。「プロとアマの境界線があまりない」という沖縄音楽業界の定説を証明したどころか、逆転させてしまった彼らのキーワードは「普通」である。ブレイクする前も、ブレイクした後も、ファンや関係者の彼らへの評価は「普通」である。それまで沖縄出身で沖縄を標榜するミュージシャンは、日本の音楽業界の中で「特別」であり「特異」な存在でなければならなかった。あの人もこのグループも。ところが21世紀に入りでーじ、いやしゃかにか（……）ブレークした彼らはもっとも「普通」だったのである。でも単なる「普通」でこんなにブレイクするものだろうか、いや「普通」じゃないよ、「普通のじょーとー」だよ。泡盛も、音楽も「普通のじょーとー」が受ける世紀に突入したのである。

でもこのバンド名は、よく考えると全然「普通」じゃないよねー。

（稲守幸美）

や

やーからちゃー

家で着る服。「一張羅」の反対語。略し

て「やーから」とも。使い方『今日、やーからちゃーだから、恥ずかしいってばー』。

　ラジオ体操の時や、夜の公民館での集会の時にしばしば使われる。

（玉城愛）

やーるーVSとーびーらー

　この話題を振ると、どんなに和やかムードな席も一変、激しい議論が巻き起こるという。それは「ねぇ、やーるーととーびーらー、どっちが嫌い？」である。

　私は断然やーるーが嫌いだ。かわいらしいなんてとんでもない。血管の透き通った皮膚、無駄に伸びる舌、どこにでもへばりつくその根性、どこをとってもパーフェクトに嫌だ。「家守」だなんてありがたがられているけれど、家は私が守るのでどうぞ出て行ってほしい。

　周囲の反応をみると今のところ五分五分といった感のあるこの話題。ただ、やーるー派もとーびーらー派も互いに歩みよることはなく、いかにその生き物が嫌いかを散々語りつくし、自分がそれほどまでにその生き物を嫌っていたのかと再確認するだけに終わる、ただそれだけの話題ではある。

（宇和川瑞美）

→対決パート7（P285）に続く

野外ソファ

沖縄の野外インテリアの代表。バス停や防波堤などに、いつの間にか配置されているソファのこと。誰がいつどんな風に運んでくるのかは謎であるが、一種のリサイクル運動ではある。色合いの派手なビニール・カバーの、島小スナックにあるようなタイプが多い。バス停ではなかなかこないバスを待っている人の為だが、防波堤に置かれているソファは、一見すると不法投棄っぽいが、海側に向かってぽつんとおかれていて、チリ捨て場とは一線を画して置かれている。いずれにせよ、あまり座っている人を見たことがないので、もしかするとコンセプチュアルアートの一種かもしれない。

10年ほど前、津堅島に遊びに行った。一泊した後、朝、島を散歩した。モクマオウの防風林を抜けて島のはずれの浜まで行くと、そこは思いの外きれいな、人けのない浜辺が広がっていた。白い砂浜が波にあらわれるサラサラという音さえ聞こえる静けさの中、一番いい場所にソファが一つ置かれていた。思わず、満天の星のもと、ソファに座り波の音を聴いている、誰かさんの姿を想像した。気持ちいいだろうなぁ、砂浜のソファ。

（新城和博）

ヤギ場

まんまですが、ヤギが飼われている場所のこと。飼われているヤギは1頭のこともあれば、1000頭を超すこともある。

　最近ヤギ場に夢中の私、週末ごとに各地のヤギ場で遊んでいたら、あたりの雰囲気を見ただけで「むむ、ここはヤギ場があるぞ」と見つけられるようになってしまった。

　雑草やカズラなどを簡単に手に入れられる畑のそばで、板をつぎはぎしたような手軽な小屋であれば、ヤギ場である可能性が高い。だいたいは外からひょいとのぞけるようになっていて、草を食べさせたり、子ヤギをなでなでできる。本来は個人の敷地なんだと思うのだが、そんなオープンな雰囲気も相まって、私はすっかりヤギ場のとりこなのである。沖縄ヤギ場マップを作るのが当面の目標です。ヤギは食べてもうまいが見てもかわいい。ヤギ場の魅力を知ってこそ、真のヤギ好きだ！（喜納えりか）

ゆ

有線電話

小・中学時代、友達に連絡を取りたいときは「有線何番？」って聞いた。マッチやCCBが聞きたいわけではない。家にある電話の番号を聞いているのである。

金武町には、NTT（民営化する前は「公社」といった）の固定電話とは別に、町が運営し町内だけで通じる電話があった。それが「有線電話」略して「有線」だ。どうやら昭和51年に基地周辺整備事業で作られたらしい。

隣の宜野座村にも有線があるのに互いには通じないという事実を知ったとき「元は同じ村なのにつれないなー」と思ったもんです。その宜野座村は加入者減からサービスが終了したらしいが、金武町は2001年に設備の改修も済ませ、まだまだ現役バリバリだ。電話帳だってある。「区のことも有線で伝えましょう。その方が民主的です」なんて標語もいっぱい載っている。

有線からは、朝、昼、夜に放送がある。町政やら選挙やらお祭りやら、いろいろなお知らせが聞こえてきた。それ以外にも、午後6時半には「家へ帰りましょう」、午後8時「読書、家庭学習をしましょう」、午後10時「お休み前に戸締まりの確認を」と、短めの放送というか声かけがある。電話機にスピーカーが付いているので、わざわざ受話器に耳を当てなくてもよい。

通話できて放送も聞けるというのに、なんと月額700円ぽっきりでしゃべり放題。話題のIP電話も真っ青である。進んでるなー金武町。そんなこともあり、町内で電話するときは、通話料の高い公社はめったに使わなかった。

（呉大州）

左が有線、右が公社（！）

電話帳だってあるのです。もちろん当山久三付き。

ユーファイトミー!?

沖縄の子供たちが初めて覚える英語。アメリカンスクールのバスを見かけると、ランドセルぶんぶんしながらダッシュで追いかけ「ユーファイトミー!?」と絶叫する。ランニング中の米兵に「ユーファイトミー!?」と中指を立て、苦笑いされる。本気にされたらどーすんだ。ここにも米国との摩擦が…と思うなかれ。子供たちは単にこの言葉を言いたいだけ。そこに深い意味などないはず。たぶん。

（喜納えりか）

↓ダンキンドーナツ

ユーフルヤー

おいらが沖縄でアパート探しをしてまず驚いたのが、浴槽がある物件が少ないことだった。そして「ウチナーンチュのお湯に浸かるのめんどくさい文化」に「海外」を感じたことを今でも覚えている。

そんな沖縄にも銭湯（ユーフルヤー）が

存在する。しかも「海外」の銭湯はちと日本本土のそれとは異なるのである…。以下、おいらの思う「ユーフルヤー伍不思議」である。

その壱★浴室と脱衣場の仕切なし（気温の内外差が小さいから必要ないらしい）。

その弐★番台は外向き（ウチナンチューはやっぱりハジカサ〜らしい）

その参★入浴料は昭和55年以降値上げなしの200円（値上げしたらもっと利用者が減ってしまうと考えられているらしい）

その四★浴槽のことを「池」と呼ぶ（亀甲墓の中の遺骨を葬る大きな囲いを「池」と言うことと関連があるのかな〜と最近個人的には思っている）

その伍★意外なところに残ってる（中城村津覇の「喜久湯」なんて、なんでここ？と思うはず）

（柚洞一央）

↓電気風呂

ゆぐりはいからー

沖縄で一大イベントが予定されると、開催地域周辺が局地的にもしくは車から見える範囲で、急にきれいにカラフルに整備されること。海洋博、海邦国体、植樹祭、沖縄サミットなどなど、どんだけハイカラーになればいいのよ、オキナワ。

（K・ぼねが）

ユタ

沖縄のシャーマン、ユタ。神託を元に迷える県民に様々なアドバイスをしてくれる。信じる信じないは人それぞれだが、一つエピソードを紹介したい。

高校生の頃、夜中に空腹を覚えた僕、キッチンで食べ物を探していた。で、ちょうど風呂から上がってきたうちの母親が、更衣室のドア下の隙間から僕の足だけを見たらしい。そして翌朝、「あんた、昨日の夜中台所にいなかったねえ?」と問われた僕、説明するのも面倒だったので、「や、いなかったよ。寝てた」と答えたところ、母親は、「じゃあわたしが昨日見た足はなんだったのかねえ?」と悩み始めた。僕も今さら「ああ、それ僕の足だから」とも言い出せず、まあ放っておいたのである。

ところが母親、何を考えたのか、ユタのところに相談に行ったらしいのだ。

「わたしが見た足はなんだったんでしょうね? なにか悪い前兆ですか?」と。するとそのユタは、こう答えたらしい。

「…ああ、その足は、いい霊のものだから大丈夫さあ!」

バリバリ存命中の僕を、「いい霊」でバッサリ。ユタとは何て素敵な商売だろうか。

(カリイ)

よ

与儀先輩!

「与儀先輩!」。与儀小学校の生徒達に長くそう呼ばれた人物がいた。

彼に会えるのは、与儀の古い家が立ち並ぶ通りで、年の頃はその頃(昭和50年代)で、30代後半から40代前半。

与儀小学校の子ども達は、彼をずーっと先輩と呼びつづけてきた。

彼は、通りを歩きながら電柱に張られた違法ポスターやら広告を丹念にはがして歩くのが日課だった。

そしてふいに「かぎやで風」を踊るのも日課のひとつ…。

「ティントゥンテェントゥン…」。自分で

ふしを口ずさみながらそれは突然始まる。なぜかはわからない…。でも「かぎやで風」は結婚式の祝いの踊りではないか。

　彼は、子ども達の通学路である通りの電柱から「ヌードショー夜の8時から」などと言ういかがわしいポスターをはがし「2K　日当良好　3万円」という子どもには無縁の広告をはがし、そして電柱の違法な張り紙をすべて取り除ききった時、この祝いの「かぎやで風」を踊っていたのではないだろうか…。そしてその活動に敬意を込めて、長年与儀小学校の生徒達から「与儀先輩！」と親しみを込めて呼びつづけられたのではないだろうか。

　時をへて与儀小学校の生徒となった息子に聞いてみた。

「与儀先輩って知ってる？」

「知らんけど…『せんぱい』ってなに？」

与儀先輩がいつのまにかいなくなり、先輩という言葉もなくなり電柱には張り紙だらけ……。

（金城貴子）

ら
ラジオジャック

　中学生の頃、友人に勧められて聞き始めたラジオ番組が、夜10時過ぎに始まるRBCの「ラジオジャック」。この番組はアシスタントに県内各大学の放送サークル部員を起用したり、常連リスナーが主催してリスナーの野球大会を催したりと、同時間帯の他のラジオ番組と比べてもかなり異彩を放っていた。特にボクは火曜の三輪真佐子アナウンサーと木曜の富原志乃が好きで、

ら

放送の翌日には友人と番組の感想などを語り合っていた。

火曜のあるコーナーは、月ごとにあるプレゼントを設定し、毎週ちょっとずつヒントを番組内で出して、それが何かわかったら番組宛てに解答を送って、一番先に正解した人がそのプレゼントをもらえる、というものだった。

ボクはそのプレゼントだと思った品物を題材に、毎週毎週ストーリーを考えて投稿していた。一番最初に書いたストーリーは、〝日記帳〟が題材。片想いの相手いさ子が毎日日記をつけているのを知った主人公が、触発されて自分も日記をつけるようになり、その日記の中でいさ子に対する想いを書き連ねていく内にどんどん感情が高ぶっていきついには告白に踏み切る勇気に変わっていった、といった内容だった（ような気がする）。その勝手なショートストーリーは半年以上続き、毎回ストーリーが進むたびに少しずつ時間を経過させていると、しまいには主人公といさ子は息子2人を持つ中年夫婦になってしまっていた。


（いづみやすたか）

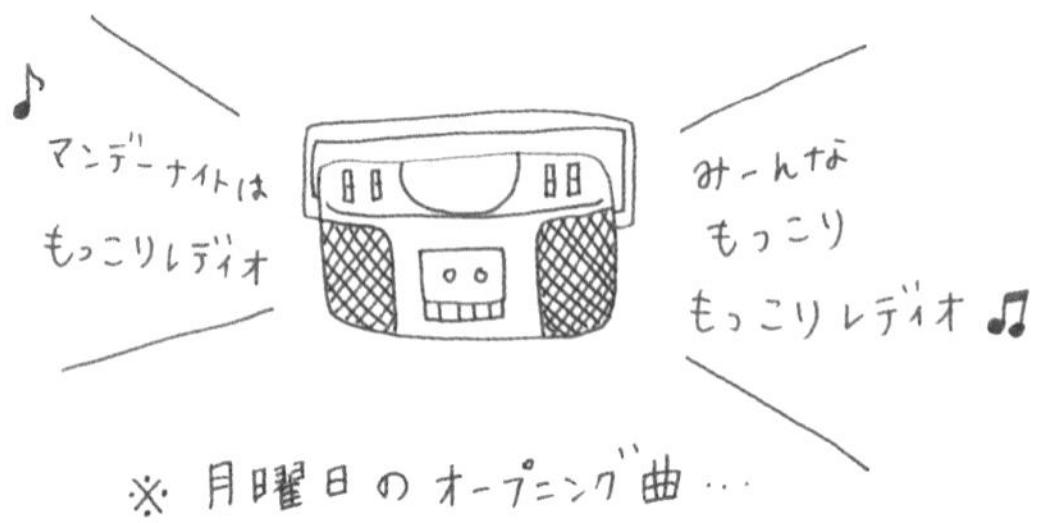

マンデーナイトは
もっこりレディオ
みーんな
もっこり
もっこりレディオ ♫
※ 月曜日のオープニング曲…

RAD・IO

FM沖縄で月~金の夜7時から放送していた番組。番組名は「レイディオ」ではなく「らっどあいおー」と読む。パーソナリティーは西向幸三とちひろの2人。この番組の聞きどころは、何たってちひろちゃんの素晴らしさに尽きる。

ラジオにまるで向かない鼻声。下ネタも辞さないキレのあるトーク。「早く結婚したい!」を連発した数日後に「結婚? 何それ~」とあっさり路線変更するいさぎよさ。「バカじゃないのぉ?」とリスナーをケナす無礼&毒舌っぷりにも、そこはかとない愛情が感じられた。電話クイズのキーワードを「不発弾処理」にしたりと、社会派な一面もステキだった。

FM沖縄のテイストにはマッチしなかったのかは知らないが、同番組は2003年、惜しまれながら終了した。ちひろちゃんは今、他局で番組ディレクターをしている。でも、ちひろちゃんのあのノリをラジオから聞けない沖縄なんてダメダメだ。カムバック、ちひろちゃん。

(喜納えりか)

ラブホめぐり

高校3年生になり周りが次々と自練(自動車教習所のこと)に通い始め、自動車免許を取り始めると、決まって最初に行っていたのがラブホテル巡りである。沖縄には、たくさんのラブホテルがある。最近では、宜野湾や浦添あたりにもお洒落なホテルが増えてきているが、昔からの有名スポットと言えば、沖縄市の屋宜原と那覇市の波の上である。特にヤギバルには、お城もあるし人魚もいるしタヌキもいる（!?）沖縄市の親戚のところに行く途中、車の窓から見えるヤギバルは、幼い私にとって未知の世界であった。そして免許を取り、みんなでラブホ巡りをした。「わータヌキだ！　わーお城だ！」と言いながら、一つ一つのホテルの車用のれん（？）をくぐっては、ジェットコースターのてっぺんでやるポーズよろしく両手を上げ「キャー!!」と叫び、大人の世界を社会見学していた。うちは共学だったので、男の子も一緒に「キャーキャー」騒いでいたのだが、女子校の友人に聞くと駐車場に止まっている車をハイライトで照らしたりと悪行三昧だったらしい。大人になった今はっきり言えます。そんな遊びはしちゃいけないです。

（玉城愛）

り

R&B

近年、日本の音楽シーンでは、例えば宇多田ヒカルのように海外育ちのアーティストや日本語で歌うＢＯＡのような外国人がいたりして邦楽や洋楽といったジャンル分けが難しくなっている。沖縄に目を向けてみれば、モンパチやＨＹらが注目を浴び、今や「沖縄」は国内でブランド化さえしている。どこのＣＤショップに行っても「沖縄インディーズ」と銘打ったコーナーが一角にあり、所狭しと島を飛び出す日を夢見ているのである。

　ところが、そんな島音楽でも日本国内と同じく「あいまい」な現象が起きつつあるのだ。遡ればいち早く三線を取り入れたＴ

HE BOOMに始まり、最近だとbkozや琉球アンダーグラウンドなど、明らかに沖縄人ではないが沖縄の音楽を発信するアーティストのいることだ。どこに琉球音階を使うでもなく三線を片手にしているわけでもないbkozの歌声からは、透き通るような青さとしぶきを上げる儚い白がグラデーションを織り成す情景が見えるようだし、戦争で戦った異国の地の外国人が日本語さえもままならないのにウチナーグチを乗せてみたサウンドからは、まちやぐゎぁで何時間でも立ち話をするオバァの姿が目に浮かぶようである。彼らの奏でる音は、やはり島音楽だと認めざるを得ない。いつしかジャマイカンサウンドがレゲエと位置づけられたように、沖縄の音が世界に認識される日が来るかもしれない。

　もし一言でその島音楽をジャンル分けするなら「R&B（Ryukyu&Blend）」にカテゴライズされるのだろうか。それは「島を愛する」という一つの共通性のもとに。

（ちひろ）

↓サラバンジ

琉大サークル

　琉球大学の北口より入り、ループ道路を左折してしばらくいくと、いくつかの建物が左手に見えてくる。その中に3階建てのコンクリートの建物と、プレハブの2階建てが3つ。ここが琉球大学の「サークル棟」だ。文科系、体育系サークルともどもいろんな人間がひしめきあって、日夜さまざまなことがおこなわれている。特に夕方から夜にかけてはすごい。

　屋上ではトランペット、廊下でバイオリ

ン、階段で三線・太鼓、外で発声練習。早くも飲み会をはじめているところもあり、なんだかよくわからない奇声が聞こえることもしばしば。それぞれの部室のでは、真面目な話や、ケンカ、説教はもちろん、恋の告白なんかも決行されている（はず）。

そのほかには壁に絵をかいていたり、木刀をふりまわしていたり、車を分解していたり…。こんなにもそれぞれ違うことをしながら集まっている場所というのも貴重だ。現学生も卒業生も、ここでステキな青春の思い出の多くをつくった人は多いだろう。

ちなみに私は、夜にトイレに入ったはずなのに出たら朝だったという不思議な思い出をこのサークル棟でつくったよ。よっぱらい？

（サトコ）

琉大附属小学校

正式名称は「国立琉球大学教育学部附属小学校」。履歴書を書くとき面倒くさいが、「教育学部に附属している」というのがポイントらしい。

この小学校は昭和57年に1年生と4年生を宜野湾・西原・中城・浦添・那覇の範囲で児童募集し、開校した。選考方法は書類と抽選！ 1年生は面接もあったが、わたし達4年生はそれもなし。おかげで「くじ引き学校」と揶揄された。さらに物資難もひどく、近所のいきがぐゎーしーに「不足（ふそく）小学校」と石を投げつけられた。後で知るところによると、先生方のポケットマネーで児童用画用紙などが与えられたらしい。涙ぐましい話ではないか。

そんな学校だったが、建物はさすがに新しく上等だった。特にマジックミラーの教室が印象深い。これは教育実習生や研究発表（公開）授業用であり、対象の児童や先生が緊張しないようにとの配慮であった。しかしこの教室に入れられた時点で大勢の人々に見られるのがわかるわけで、従って一度も使用されることはなかった。

一方、学校を取り巻く環境はすこぶる田舎で、ウージ畑と開墾地のような原っぱしかなかった。バスの運転手がいきなり一時停止をして、立ち小便をしても全然目立たなかった。そのため毎週といっていいほど、保護者&児童で草刈りなどの作業をしていた。今ではちょっと想像できないほど栄えている。

ああ、琉附小1期生として巣立って早19年。卒業式2日前に出来た校歌を必死で覚えたことが懐かしい。更に卒業後2年経ってプールが完成し、2月にも関わらずわざわざ呼ばれて、素足を水につけに行ったこともね。

（與座みのり）

れ

レキオス航空

飛び立つ前に墜落。応援してたのに…。

（KGB）

レモンケーキ

旧正月や清明祭、旧盆。沖縄の行事に欠かせないのが、三枚肉やカマボコ、昆布などがぎっしり詰められた重箱、そしてサーターアンダーギーや月餅などのお菓子の数々だ。その間にそっと入っているのがレモンケーキである。

重箱のごちそうやお菓子をすべて準備す

るのは手間がかかる。効率よく揃える策としてあみ出されたのが、「レモンケーキを入れる」というウルトラ・ビタミンCな技だ。

　レモンケーキをつくづく見てみると、サイズといい銀色の包装紙の高級感といい、お重に詰めるにはピッタリである。また、子どもの人気も絶大で、伝統的クヮッチー（ごちそう）が苦手な彼らでも、レモンケーキだけは奪い合うように食べている。

　作られたクヮッチーは大量に残ってしまうのが常。三枚肉などをあれこれ工夫して弁当のおかずにし、ティッシュにくるんだサーターアンダギーを添えて子どもに持たせれば「……やぁー母ちゃん、今日学校でシーミー弁当って笑われたぜー」と不評を買う。行事の準備でアワリしたお母さんたちは、今度は自作のごちそうを食べきるために頭を悩ませるのだ。その点、レモンケーキは、手間もかからず残りもしない。苦労する女性たちの、甘くひそやかな反逆なのである。

（喜納えりか）

©Tsukasa.Tomoyose

わ

ワーゲン1台ストップ！

全沖縄的なおまじないかどうか分からないが、「ワーゲン1台ストップ！」って知ってますか。黄色のフォルクスワーゲン・ビートルを見かけるたび、「ワーゲン1台ストップ！」とつぶやくのだ。7台見るとラッキーなことがあるというものだが、その間に違う色のワーゲンを見ると、カウントはリセットされ再び、1からのスタートとなる。だいぶ前の話ではあるがこんな願掛けが成り立っていたってことは、ワーゲンってあちこちで走っていたのだろうね。ともかく、学校の行き帰りの暇つぶしにはちょうどよい遊びだった。私は、黄色しか目に入らないように薄目で歩きながら実行していた。道理で、よくあちこちにぶつかっていたわけだが、一度など、数えているワーゲンに危なくひかれるところだった。一体どこがラッキーなんじゃい。

（喜納えりか）

わナンバーvsYナンバー

ぶつかられたら、保険が入ってない確率が高いので、「Yナンバー」の反則負け。

ワイ

うちの事務所のYさんは、電話を取るときに「ワイ？」と言う時があります。実は伊是名島出身なのです。シマの模合仲間からの電話らしい。「ワイ」は、発音的には

わーん

「ウワェイ」（書けない）。多分「もしもし?」という意味なのですが、この「ワイ」の電話は、それだけでは終わらないのです。「ワイ?」「ワイ、ワイ!」「ワイ、ワイ! ワイ!?」

話の間合いからすると、それぞれ「それで?」「なるほど!」「はい、はい、わかった!?」の意味だと思われます。場合によっちゃー「ワイ」だけで電話の会話が終わってしまう場合もあります。「んじ」「やみ」「だーるか」の意味を全て包括する伊是名の「ワイ」って、凄いっ! とYさんが電話で模合仲間と話しているたびに思うのでありました。わーい。

（新城和博）

わけ

「わたしも、どうもしなかったわけ」「とてもじゃないけど、つきあいきれないわけ」

沖縄の人は、この「〜わけ」という語尾を多用するわけ。これはもちろん理由を説明している「訳」ではないわけ。たんに語尾が「わけ」になるわけ。この文章の「わけ」を全部、削除してもきっと意味的にはなんの問題もないわけ。書き言葉だと、これまた女性というか場合によっちゃー女の子ってかんじだわけ。でもおじさんが喋っても「わけ」だらけだわけ。はぁーもうわけわからん。なんだわけー!

（稲守幸美）

わしたショップ

「銀座でゴーヤーを売る」ということを想像して93年、沖縄県物産公社が銀座に出

店した、沖縄物産のアンテナ・ショップ。それから10年、「銀座わしたショップ」は、今や沖縄フリークの聖域かも。ところで、国際通りの「わしたショップ」ではラジオ沖縄の人気番組「民謡の花束」の生放送が行われているので、お昼に行けば、水曜日担当の生トウマタケゾウさんに会えます。

（新城和博）

→當間武三

わちゃく

いたずらすること。といっても児童保護法等に抵触する方ではなく、からかったり、悪ガキのいたずらのように他愛ないものを指す。私は、男子生徒の股間を指さし「チャック開いてるよー」と言い、驚いて下を向く男子に「へっへっへっ、わチャックー」というセクハラなわちゃくをしていた。類義語に「がんまり」がある。（喜納えりか）

→がんまり

ん

んじぃ？

沖縄に住んでいても、沖縄について「新発見」してしまう、そんな21世紀。

沖縄の言葉は「あい！」に始まって「んじぃ？」で終わる。AtoZ、あいtoんじぃ。

沖縄ってすごい！の驚きから始まり、沖縄って何？の問いかけになって終わるのかもしれない。

（喜納えりか）

？はぁぷぅ団　団員略歴！

喜納 えりか（きな・えりか）
1975年具志川市生まれ。はぁぷぅ団団長。最近の趣味は各地のヤギ場めぐり。

東江 春奈（あがりえ・はるな）
1975年生まれ、北谷町出身。学生時代に「天然OF天然」の異名を授かり、養殖キャラに変身したいと思いながら天然で突っ走ってます。

安里（あさと）
1974年生まれ。石垣市にて出生。浦添市在住。仕事柄昼夜が逆転し、しかも室内にこもりきりなので、季節も風情もわからない日々を過ごしております。

池間 洋（いけま・よう）
1972年11月26日生まれ、会社員。

伊集 盛也（いじゅ・もりや）
1977年生まれ。埼玉県朝霞市出身、久米島育ち。僕はたぶん、この本は買わないと思う。自分が書いた所を見るのが恥ずかしいから。

いづみやすたか（いづみ・やすたか）
1979年生まれ、具志川市出身。球陽高校、図書館情報大学卒業。ボーダーインクのホームページ上で沖縄を語る関東のファミリーレストラン店員。小学6年生からＷａｎｄｅｒに寄稿する異端児。

稲守 幸美（いなもり・ゆきみ）
1966年那覇生まれ。趣味・浜歩きと知られざる沖縄そばを食べること。好きな店は繁多川の「さとこ」。

海勢頭 利江（うみせど・りえ）
1974年4月10日生まれ。出生地は那覇市、育ちは豊見城、血統は浜比嘉島。おいしい店と離島巡りが好きな29歳！

宇和川 瑞美（うわがわ・みずみ）
1978年生まれ、那覇市出身。フォトキチ幽霊部員。趣味は消しゴム収集。

エノビ☆ケイコ（えのび☆けいこ）
自由創作表現者・福会長。1977年生まれ、具志川市出身。アートクリエイター。友寄司と共に、アートユニット「自由創作表現者」を97年に結成。イラストやデザインを軸に、県内外で活躍する若手クリエイター。

大井 直（おおい・なお）
1962年生まれ、東京都出身。フリーカメラマン。

大宜見 周子（おおぎみ・ちかこ）
1974年5月15日生まれ、那覇市出身。生息地：壺屋。大道幼稚園、小学校、神原中、那覇高、琉球大学を経て某リゾートホテルに就職する。好きなもの：じゃがいも、ドラえもん、海、水辺の生き物、映画。

大城 篤（おおしろ・あつし）
1970年那覇市生まれ、那覇市育ち。沖縄大学卒業後、沖縄県内の印刷屋勤務。

太田 有紀（おおた・ゆき）
1979年生まれ、神奈川県出身。会社員。2001年から那覇市に住み移りました。仕事をかこつけてボーダーインクに入り浸っています。ボーダーインクより本を出していただける事になりました。よろしくお願いします。

岡部 ルナ（おかべ・るな）
1975年1月31生まれ、糸満市出身。この本の原稿を書くのは、好きな人に手紙を送るようなもので、非常に苦労した。沖縄への気持ちは、自分は文句を言っても他人が何か言えば腹が立つ、家族みたいな愛情。きっと一生思い続けるでしょう。参加できてよかったな。

おきか（おきか）
1973年生まれ、那覇市出身。音楽好きが高じて以前参加したロックフェスで、ミュージシャンを前にして舞い上がっているところをパチリと某雑誌に撮られ、でかでかと掲載されてしまった過去あり。

かぼっちゃマン（かぼっちゃまん）
職業：ヒーロー

栢 カンナ（かや・かんな）
Ｙ県出身、昭和59年生まれの大学生。
今は沖縄に慣れることに精一杯です。今年の夏はどうなるんでしょ？こんなワクワクをたくさん見つけられたらいいな！と小学生じみたことを目標にしています。まず海だ！

川口 恵美（かわぐち・えみ）
1978年生まれ、長崎県出身。やっぱりおきなわですよね（^_^）

桐 かなえ（きり・かなえ）
1976年生まれ、那覇市民の会社員。不動産誌マニア。

金城 貴子（きんじょう・たかこ）
1968年7月9日生まれ。宮古出身。ボーダーインクに巡り巡ってたどりつき、年に一度6月7日にのみ身長が伸びるという特技をもつ。

金城 智恵美（きんじょう・ちえみ）
1973年9月24日生まれ、国頭村出身。沖縄県立芸大学院（絵画）修了後、パフォーマンスダンス、音楽活動に勤しむ。女体体操のリーダー。2002年、NHK「うちにおいでよ」の振り付けを担当。現在、グラフィックデザイナーとしても活動中。

KGB
那覇市在住・会社員・29歳。本職じゃない仕事まで引き受けてしまい、会社にいる時間がますます増えるO型天秤座。占いによると八方美人だそうです。

K．ぼねが（けー．ぼねが）
1961年アメリカ世生まれ。新報短編賞と沖縄の独立を目指す。

呉 大州（ご・たいしゅう）
金武町出身・会社員・29歳。20年ぶりという門中会が最近開かれた。県内各地に散らばった同姓は全員、親戚であると公的に確認？しあった。

志堅原 リリア（しけんばる・りりあ）
1973年生まれ、島系2世のフリーライター。ウチナーグチ少し話せます。

下里 真樹子（しもざと・まきこ）
1979年生まれ、上野村出身。働いています。

ジョーズ（じょーず）
1978年、豊見城市出身。最近日曜洋画劇場で名作「ジョーズ」を観た。夏真っ盛りにこの映画。なんか海に行けない…。

新城 和博（しんじょう・かずひろ）
2003年那覇生まれ変わる。生涯一県産本編集者。『おきなわキーワードコラムブック』からタイムワープした気分でごーぐちはーぐちしてみました。

新城 ゆう（しんじょう・ゆう）
1963年ゲルマ生まれ。謙虚な気持ちで書くコラムが売り。座右の銘「ちゅぬ心配さんけー、どぅーぬ心配しぇー」。

タイラ ヒデキ（たいら・ひでき）
1970年生まれ。へなちょこ営業マン。タンナファクルーと無調整豆乳が手放せない。

平良 美十利（たいら・みとり）
1967年9月生まれ、未の人。那覇市字田原出身。元ボーダーインク編集者。'02年9月末、結婚のため大阪市へ転居。最近ゴーヤーピクルス作りにハマっている。

玉城 愛（たまき・あい）
フリーアナウンサー。1975年、那覇市首里(しゅり)に生まれる。琉球大学短期大学経営学科を卒業後、県内の健康食品会社に入社。23才で営業係長に。だが、その年世界を脅かした「ノストラダムスの大予言」で人生について考え、上司の反対を押し切りラジオ沖縄のオーディションを受ける。何故か、すもうとりの物まねがうけて（?）見事合格。その後、ヤング番組を担当。また、ラジオカーレポーターとして県内を走り回る。結婚式司会、イベント司会なども務める。

玉本 アキラ（たまもと・あきら）
1961年G市生まれ。座右のソング「上級生」。

ちひろ（ちひろ）
1978年7月8日、与那原町生まれ。かれこれ20年以上も沖縄に住みついているのに未だに国際通りを歩けば観光客に間違われる。ついつい買わされた星砂の数だけ地元に貢献できたら、と思い始めるフリーランス。仕事ちょうだい（笑）。

當眞 嗣朗（とうま・つぐあき）
1974年生まれ、恩納村出身。小説家。著書に『こころのボール』（文芸社）、『ぼくは頭が悪い』（ボーダーインク）等があります。

友寄 司（ともよせ・つかさ）
自由創作表現者・快調。1975年生まれ、コザ出身。自由創作表現者。97年に「自由創作表現者」結成後、県内外問わず数々の作品展をこなす。ジャンルにとらわれない表現方法で、様々な分野で発表する作品が注目を浴びている。

友利 祐子（ともり・ゆうこ）
1979年名護市生まれ23歳。大学で民俗学を専攻。映画鑑賞と人間ウォッチングが趣味。好きな食べ物はひがし食堂のぜんざいに入っている白玉と、油でいためた八重山かまぼこ。沖縄のユニークな生活風習を後世に伝えるべく草の根運動を展開中。

ナカ☆ハジメ（なか☆はじめ）
1972年生まれ、石垣島出身。妄想と散歩が好きです。

長嶺 里子（ながみね・さとこ）
1974年生まれ、出身：那覇市。首里、石垣、静岡、栃木とながれにながれて沖縄に帰ってきたのです。合気道やっています。かかってきたら逃げます。夢はおばあになってから映画監督になることです。「おばあが撮るおばあのための純愛ラブコメ映画！！」いいでしょ。よろしく。

西里 信人（にしざと・のぶと）
1959年9月25日生まれ、43歳てんびん座。趣味は映画、カメラ、街ぶら。さみしがり屋の独身貧民。お友だちになってね。

野添 博雅（のぞえ・ひろまさ）
1981年生まれ。酉年の水瓶座。どこが出身地なのか自分もわかっていない。ボーダーインク元バイト。初の学生定期バイトだったが、3か月でクビに。クェーブーのある人として有名。

比嘉 辰子（ひが・たつこ）
1964年辰年生まれ。那覇市出身。現在の沖縄を映し出す鏡たるキーワードコラム。このような歴史的事業に参加させて頂いて感無量です。

前嵩西 一馬（まえたけにし・かずま）
1971年生まれ。那覇市出身。コロンビア大学人類学部博士課程。

又吉 カリイ（またよし・かりい）
1977年生まれ、浦添市出身。会社員。赤か白かで言えば、ロゼ。泡盛「残波」で白黒つければ、白。

松田 尚子（まつだ・なおこ）
1970年生まれ、宜野湾市出身。復帰前生まれなのにドル紙幣も730以前も記憶にないが、“おかず”という食堂メニューに血が騒ぐ週刊レキオ編集部員。

松ノ原 睦（まつのはら・むつみ）
1975年生まれ。宜野湾市出身です。

宮城 未来（みやぎ・みき）
1976年生まれ　香川県高松市出身。前島アートセンター事務。アートシーンが生まれることで、街にどのような変革をもたらすのか等、日々奮闘中。

宮城 由香利（みやぎ・ゆかり）
1975年生・那覇市首里出身。モノレール首里駅のおかげで地元・首里汀良町の認知度がちょっぴりアップしたことがうれしい28歳。

山城 知佳子（やましろ・ちかこ）
1976年、那覇市国場出身。生まり島沖縄の風景はとまってはいない。びゅんびゅん変わる景色の中でこれは！というキーワードを大切にしたいな。

山本 成（やまもと・なり）
1976年生まれ、東京都出身、事務職。ハワイ大学で学生時代を過ごした後、沖縄に移ってきました。両方の土地で行われているエイサーを見比べて、それぞれの魅力に惹かれています。これからもどんどんハワイと沖縄を行き来してエイサーを楽しみたいです。

柚洞 一央（ゆほら・かずひろ）
1975年生まれ、栃木県出身。某ＦＭ局の『サタデーないとは土〜するべき』はどうして全国ネットにしないのかなぁ…日本全国の人がこの番組で爆笑できるようになるとかなり楽しい国になるはず？！

與座みのり（よざ・みのり）
宜野湾市出身、30歳。

與那嶺江利子（よなみね・えりこ）
1975年生まれ、中城村出身。沖縄市教育委員会勤務。エイサーは、シマを舞台にした一大総合芸能ともいえる。青年会のエイサーシンカは、祖先祭祀を行いながら、先輩を敬い、仲間を大切にし、そして地域を愛して止まない肝美らさんニーニー、ネーネーだったのだ。私はそんなエイサーシンカが好きだ。

☆写真☆
細田 亮治（ほそだ・りょうじ）
1978年12月25日生まれ、広島県出身。カメラマン。これからも美しい沖縄でたくさん写真を撮り続けます。（e-mail:ryoji-h@nirai.ne.jp）

☆イラスト☆
友寄司（自由創作表現者）
宇和川瑞美
中嶋栄子

☆ジャケットデザイン☆
友寄司

沖縄県産本
フェア
版おめでとう！
ーワード
●飲み物・食べ物 ●レトロ
ナワを語る！
場所：県内お近くの本店さん
7 http://www.borderink.com

NO WAR
出版・編集・企画
(有)ボーダーインク
歓喜はぁぷぅ団
新！おきなわ
●地名・名所 ●ひと・団体 ●メディ
身近なアイツが、300のコラムで
期間：平成15年10月吉日〜売り切れ
料金：男女とも1,500円＋税
連絡先：ボーダーインク 835-

★あとがき★

何度目かの、空前の沖縄ブームのただ中です。

テレビをつければ沖縄特集、書店では、沖縄を取り上げた書籍や雑誌がズラリ並び、ラジオのチャンネルをひねれば流れるのは民謡……（それは昔から）。

やや偏ったジャンルにおいてではありますが、語られ尽くされた感のある「沖縄」です。

このような状況下、日本生まれ日本育ちが大半を占める「はぁぷぅ団」にとって、「自分たちのオキナワ」を内面から引き出すというのは、なかなかに難しい作業だったのではないかと思います。既存のイメージにとらわれず自らを語ることができるか。私は、その一点にのみ心をくだき、編集作業を行いました。

「あなたのオキナワを書いてください」

そんなざっくばらんな依頼で集まった原稿は、どれも素晴らしいものでした。読めないほど大爆笑のものあり、涙がぽろりとこぼれるものあり、ふむふむ、そうだそうだぁ！とシャウトするものあり。あのような依頼によく応えていただけたと思います。紙幅の都合もありまして、掲載できなかった原稿も多数ありますが、団員みなさまの気持ちはきちんと伝わっております。

また、キーワードの選択にバランスの悪い点も多々あると存じます。しかしながらこれは、はぁぷぅ団という特定の人々の、一瞬の気持ちを切り取ったという本書の性質によるもので、その点はご了解をいただけると幸いです。そして、文中には特に日本語訳等をもうけておりませんので、本文中で理解しづらい箇所がありましたらお近くのウチナーンチュにお尋ねください。

読んでいただいて心から感謝申し上げます。

はぁぷぅ団長・喜納えりか

新！おきなわキーワード

2003年10月20日　第1刷発行

著　者　はぁぷぅ団

発行者　宮城 正勝
発行所　(有)ボーダーインク
沖縄県那覇市与儀226―3
電　話　098(835)2777
FAX　098(835)2840
http://www.borderink.com
e-mail　wander@borderink.com

印刷所　近代美術

ISBN4-89982-052-6　C0000

書けば 宮古！

さいが族 編著

パニパニッと天然色！ だいずばがー（とってもたくさん）書いてみました！ あの宮古島ベストセラー『読めば 宮古！』の続編が登場。宮古のマコトにさらに迫りました。「宮古人の肖像」「宮古・街と村のオキテ」「宮古の天然」「ふつーの宮古ふつ」など、宮古人が語った素顔の宮古エッセイ！

1500円＋税

読めば 宮古！

さいが族 編著

読んでみるべき〜？ 宮古人がついに語ったワイルドでキュートな宮古の真実。宮古の「魅惑のあららがまパラダイズ」へ「う・わ・さの宮古」「実録おとーり物語」「君もがんぐるゆまたを知っているべきはずね〜」など、宮古の森羅万象を多数のコラムで大解説の、特大ベストセラー本！

1500円＋税

沖縄のヤギ〈ヒージャー〉文化誌 歴史・文化・飼育状況から料理店まで

平川 宗隆 著

沖縄とヒージャー（ヤギ）には、切っても切れない深い関係がある。そんな沖縄ヒージャー文化をまとめたユニークな一冊。ヤギの歴史から飼養状況、解体までを豊富な資料で紹介。また、各地の名物ヤギ農家や、北部・中部・南部・宮古・八重山のヤギ料理店食べ歩きガイドも収録しました。食べちゃいたいほどかわいいヤギの写真も満載で、ヒージャージョーグー垂涎！

1500円＋税

図説　沖縄の鉄道〈改訂版〉

加田　芳英　著

幻の名著、復活。かつて沖縄に汽車が走っていた。電車も走っていた。「沖縄県鉄道の足あとをたどる」「ちんちん電車が走っていた」「各地で活躍した馬車軌道・トロッコ」など、貴重な写真とビジュアル資料満載の沖縄交通史。2003年8月に開通した沖縄都市モノレール、乗る前に必読の書。

1800円＋税

新琉球

チームT・A「地域科学」研究室95編著

おもしろい、興味深い、知らなかった！　琉球大学の教養講義『地域文化論』から生まれたレポート集が本になりました。「いきなり『うちなーんちゅ』とは！？」「コミックおきなわ」「おそるべき沖縄の日焼け」など、県内外から集った大学生が、つねひごろ気になっていた「オキナワ」について調べて、書いて、発表しました。90年代オキナワ学生が贈る、わたしたちの地域文化論グラフィティ！

1456円＋税